Was passiert, wenn man in dem festen Glauben aufwächst, Kakerlaken sei ein Begriff für Stasi-Spitzel? Und wie fühlt man sich, wenn man als Kind mit einem »Schwerter-zu-Pflugscharen«-Aufnäher in die Schule gehen muss? Claudia Rusch, die im Umfeld der DDR-Bürgerrechtsbewegung aufwuchs, erzählt in ihren Erinnerungsgeschichten pointiert und mit Herz und Humor, wie sie unter kaum glücklich zu nennenden Umständen eine glückliche Kindheit verlebte, auch wenn die bitteren Erfahrungen nicht ausblieben: Der Großvater starb in Stasi-Untersuchungshaft, die Familie lebte unter andauernder Beschattung – und wer ist IM »Buche«? Doch was übrigbleibt, sind überwiegend schöne Erinnerungen an eine fast normale Kindheit.

»Tragisch und grotesk, infam und hanebüchen sind die exemplarischen Geschichten, die in bester Journalistentradition dieses ungemein wahrhaftige und anrührende Buch zu einer Quelle ersten Ranges machen!«
Erika Deiss, *Frankfurter Rundschau*

Claudia Rusch, geboren 1971, wuchs auf der Insel Rügen, in der Mark Brandenburg und seit 1982 in Berlin auf. Sie studierte Germanistik und Romanistik, arbeitete sechs Jahre als Fernseh-Redakteurin und lebt als Autorin in Berlin.

CLAUDIA RUSCH

MEINE
FREIE
DEUTSCHE
JUGEND

Mit einem Text von
Wolfgang Hilbig

Fischer Taschenbuch Verlag

Ungekürzte Ausgabe
Veröffentlicht im Fischer Taschenbuch Verlag,
einem Unternehmen der S. Fischer Verlag GmbH,
Frankfurt am Main, März 2005

Lizenzausgabe mit freundlicher Genehmigung der
S. Fischer Verlag GmbH, Frankfurt am Main
© 2003 S. Fischer Verlag GmbH, Frankfurt am Main
Druck und Bindung: Druckerei C. H. Beck, Nördlingen
Printed in Germany
ISBN 3-596-15986-5

Für meine Familie und natürlich für Antonia

INHALT

DIE SCHWEDENFÄHRE

Ich bin an der Ostsee groß geworden. Wie meine Mutter, mein Großvater, dessen Eltern genau wie ihre, deren Eltern wieder und so weiter. Seit 500 Jahren waren meine Vorfahren Kapitäne und Kapitänsfrauen. Eine ganze Dynastie mit einem alten Familiennamen und einem festen Heimatort, wie sich das gehört: die Bradherings aus Wustrow auf dem Fischland. Meine Mutter kann von Glück sagen, dass sie ein Mädchen geworden ist. Einen Stammhalter hätten meine Großeltern allen Ernstes Sylvester getauft. Sylvester Bradhering vom Fischland. Das klingt wie ein Menüvorschlag.

Mein leiblicher Vater war nicht der Traum meiner Mutter, doch er passte ganz gut ins Familienkonzept. Nur ein Marineoffizier zwar, noch dazu ein sächsischer, aber ein Kapitän.

Er war an der nordwestlichsten Spitze Rügens stationiert. Links von uns war Hiddensee und irgendwo hinter dem Meer lag das Königreich Schweden. Ich wusste damals nichts von Karl Gustav und Silvia Sommerlath, aber Schweden war für mich ein Märchenland. Ein verwunschener Platz. Ein Ort, an den wir nicht durften, wo die Männer groß und stark wie Bären waren, die Frauen aussahen wie Agneta von ABBA und alle mit bunten Bändern um Maibäume tanzten. So stellte ich mir das vor. Ein fröhliches Land, voller blonder Menschen.

Von Saßnitz an der Ostseite der Insel fuhr zweimal täglich ein Schiff nach Trelleborg. Die Schwedenfähre. Man sah sie immer auf dem Meer hin- und herfahren, ganz langsam, beharrlich am Horizont entlang, scheinbar parallel zum Ufer. Und jeden Sommer saß meine Mutter mit mir am Strand und schaute auf das weiße Schiff in der Ferne.

Eine meiner frühesten Erinnerungen beschwört genau dieses Bild. Wir sind allein am menschenleeren Strand von Bakenberg, hinter uns die Steilküste mit Uferschwalben. Ich trage eine von diesen weißen Kindermützen, sitze auf dem Schoß meiner nackten Mutter und mache Winke-Winke zu dem großen Schiff. Meine Mutter küsst mich und flüstert mir ins Ohr, ich verspreche dir, eines Tages werden wir mit dieser Fähre fahren, du und ich, auf die andere Seite der Ostsee. Ganz sicher.

Die Jahre vergingen, meine Eltern trennten sich, wir zogen nach Berlin. Aber jedes Mal, wenn wir die Schwedenfähre wiedersahen, hielt meine Mutter ihre Hand über die Augen, schaute hinaus auf das Meer und seufzte leise. Eines Tages fahren wir mit dieser Fähre.

Wir fuhren aber nicht.

Später phantasierte ich oft, wo man sich im Malmö-Express, der nach Trelleborg mitfuhr, verstecken konnte oder wie man sonst noch unbemerkt nach Schweden kam. Es schien mir vollkommen abwegig, dass das nicht möglich sein sollte. Es gab doch keinen Stacheldraht oder patrouillierende Soldaten wie in Berlin. Das hier war das Meer. Irgendwie musste es doch machbar sein, an das andere Ende zu gelangen …

Ich wusste damals nicht, wie viele Menschen bei Fluchtversuchen über die Ostsee umgekommen waren, dass skandinavische Fischer über Jahre hinweg immer wieder Leichen in ihren Netzen fanden und dass mein geliebtes Meer von der DDR zur mörderischen Falle umfunktioniert wurde. Ich bin nicht sicher, ob ich je wieder in der See gebadet hätte, wäre es mir bewusst gewesen.

Meine Großmutter lebte in Stralsund. Wie meine Mutter hatte auch sie ihren Kapitän und das Fischland verlassen. Sooft sie konnte, fuhr sie nach Hiddensee: EVP 2,50 M bis Neuendorf, 3,00 M bis Vitte und 3,50 M bis Kloster. Natürlich kannte meine Großmutter alle Damen im Fahrscheinschalterhäuschen am Stralsunder Hafen und natürlich hatten die wieder gute Verbindungen zu den Fahrscheinschalterdamen in Saßnitz. Und so kam es, dass meine Oma, eine Flasche Ost-Cognac in der Tasche, am Morgen des 10. November 1989 an den Stralsunder Hafen ging und die Damen um einen Gefallen bat. Sie wollte Fahrkarten für das Schiff von Saßnitz nach Trelleborg, Hin- und Rückfahrt am 24. Dezember 1989. Es war ihr Weihnachtsgeschenk. Einmal mit der Schwedenfähre fahren. Auf die andere Seite der Ostsee.

Die Fähre hatte an diesem Weihnachtstag fast eine Stunde Verspätung, und es gab keine Zeit mehr für einen Aufenthalt in Trelleborg. Wir gingen trotzdem von Bord. 10 Minuten Schweden. Ein hässlicher anonymer Hafen, Industrieanlagen, alles grau vom Regen – aber Schweden. Endlich. Wir hatten es geschafft.

Mehr vom Land sah ich erst fünf Jahre später. Ich hatte ein Jahr in Italien studiert und mich mit lauter Skandinaviern angefreundet. Sie hatten Bologna alle schon Anfang April verlassen, weil es ihnen zu heiß wurde in der Po-Ebene. Ich hielt tapfer bis Mai durch, meine Freundin Charlotte blieb sogar bis Ende Juni. Einige unserer schwedischen Kommilitonen luden uns dann für August nach Gotland ein. Schweden gefiel mir sehr. Die Menschen waren nett, die Häuser wunderschön und alle hätten im IKEA-Katalog auftreten können. Überall gab es Lachs und Wodka. Ein polares Paradies.

Wir fuhren mit dem Malmö-Express erst nach Saßnitz, checkten dann auf dem Schiff ein und setzten über nach Schweden. Alles verlief normal. Den Malmö-Express hatte ich immer nehmen müssen, um meine Großmutter zu besuchen. Das hatte einen einfachen Grund. Seit ich 6 Jahre alt war, fuhr ich meistens allein von Berlin hoch zu Oma. Da der Malmö-Express nur dreimal hielt, bevor er in Stralsund ankam, reduzierte sich die Eventualität enorm, dass ich den Bahnhof verwechselte, Irre zustiegen oder ich aus dem Abteil fiel. Also saß ich jahraus, jahrein immer wieder in diesem einen selben Zug. Ich fand es aufregend, weil ich wusste, dass er in Saßnitz auf die Schwedenfähre verladen wurde und dann von Trelleborg einfach weiterfuhr. Außerdem hatte mein Zug einen richtigen Namen: MALMÖ-EXPRESS. Das klang nach großer weiter Welt. – Ich musste immer am Rügendammbahnhof in Stralsund aussteigen. Zurückbleiben, die Türen schließen und Vorsicht bei der Abfahrt des Zuges.

Dieses Mal blieb ich mit Charlotte sitzen und fuhr bis Malmö durch. Ich konnte eine gewisse Befriedigung nicht leugnen. Es hatte etwas von Ätsch – ich fahre doch damit!

Als ich dann 1996 zum dritten Mal die Schwedenfähre nahm, holte mich meine Kindheit ein. Ich wollte zur Sommersonnenwende nach Nordschweden. Es war der 19. Juni, und sowohl mein Ausweis als auch der Europa-Pass liefen an diesem Tag ab. Ich hatte das erst unmittelbar vor dem Aufbruch entdeckt. Keine Zeit für deutsche Behörden mehr, also blieb mir nichts anderes übrig, als zu pokern. Der Malmö-Express kam gegen zwei Uhr nachts am Hafen von Saßnitz an. Entweder ich hatte Glück und es kam niemand mehr, oder ich stellte mich schlafend und würde vielleicht so übersehen. Zur Not konnte ich noch auf kleines Mädchen machen. Kulleraugen, Zuckerschnute, verwirrt stottern. Zieht immer. Auch Zöllner haben ein Herz.

Ganz sicher war ich aber nicht, ob das funktionieren würde, denn immerhin ist ein ungültiges Personaldokument kein fehlender Parkschein. Dachte ich.

Wir kamen in Saßnitz an, der Zug wurde zuckelnd in den Schiffsbauch verfrachtet, und die Grenzer ließen sich Zeit. Schließlich kam doch noch jemand, erwischte mich wach und verlangte meinen Ausweis. Ich zeigte ihn vor und versuchte geschickt mit dem Daumen das Datum zu verdecken. Keine Chance. Der Zöllner brauchte genau eine Zehntelsekunde, um mit sicherem Blick das Problem zu erfassen.

»Ihr Ausweis ist vor zwei Stunden abgelaufen, junge Frau.«

Okay, Augen auf und durch: »Heißt das, ich darf nicht nach Schweden?«

Ohne zu antworten, bat er mich ihm zu folgen. Ich sah mich schon in Handschellen, verhaftet wegen Irreführung der Behörden oder illegalen Einreiseversuchs ...

Und dann geschah es. Er führte mich ins Nachbarabteil, zog eine Sofortbildkamera aus einem Schubfach und fragte mich, ob ich zehn Mark passend hätte. Dann machte er ein Foto von mir und stellte mir einen neuen Ausweis aus.

Einfach so.

Ich fasste es nicht. Meine ganze Kindheit über war diese Grenze, weit mehr als die Berliner Mauer, mein persönlicher Eiserner Vorhang gewesen. Unüberwindlich. Eisig. Ein tiefer, dunkler Wassergraben. Eine

Wand aus tosenden Wellen. Ein Ort, an dem ich jeden Tag sah, wo meine Welt zu Ende war.

Und jetzt hatte ich nicht mal einen gültigen Ausweis und durfte passieren. Zwei Minuten, und das Tor nach Schweden öffnet sich. Ich war so baff, dass ich die ganze Unschulds-Nummer vergaß und mich stockend bedankte.

Als das Schiff den Hafen verließ, ging ich an Deck. Ich sah auf Saßnitz und mir kamen die Tränen.

Das war keine Rührung, das war Wut. So banal war das also. Alltäglich, nichts sagend. Einfach nur die Grenze nach Schweden. Bitte treten Sie durch, hier gibt es nichts zu sehen, gehen Sie einfach weiter.

Ich konnte nicht weitergehen. Mir lief der Rotz aus der Nase, und ich dachte an die Ohnmacht, die dieses weiße Schiff in mir immer wieder ausgelöst hatte. An das Gefühl, ausgeschlossen von der Welt, im Osten inhaftiert und vergessen zu sein.

In diesem Moment begriff ich, dass ich mit der Schwedenfähre meinen Frieden machen musste. Ich stand nicht mehr hilflos am Strand der Ostsee, *sie* bestimmten nicht mehr mein Leben, und niemand würde jemals wieder ungerechtfertigt solche Macht über mich besitzen. Es ging nicht um Schweden oder um diese Fähre; es ging um die Freiheit am Horizont.

In der Nacht des 20. Juni 1996 um zwei Uhr morgens war ich dort angekommen.

Ich stand an der Reling und sah die Lichter von Saßnitz in der Nacht verschwinden.

DIE STASI HINTER
DER KÜCHENSPÜLE

Nach der Trennung meiner Eltern zogen wir von der Ostsee ins Berliner Umland, zu Katja und Robert Havemann, den engsten Freunden meiner Mutter. Sie waren der eigentliche Scheidungsgrund. Jedenfalls glaubte das mein leiblicher Vater, der als Marine-Offizier bei der NVA diente. Meine Mutter zeigte ihm einen Vogel, nahm ein paar Regale und mein Spielzeug mit. Alles andere ließ sie ihm.

So kamen wir am 21. September 1976, meinem fünften Geburtstag, nach Grünheide in der Mark.

Zwei Monate später wurde Wolf Biermann ausgebürgert, über Robert Havemann wurde ein Hausarrest verhängt und mein Leben änderte sich.

Plötzlich war überall die Stasi, Männer in Uniformen oder in Zivil. Sie saßen in Ladas vor dem Haus, beobachteten uns, folgten uns, durften aber nicht mit uns reden. Manchmal versteckten sie sich wie Hasen hinter Bäumen.

Ich begriff nicht, warum Robert andauernd im Fernsehen zu sehen war und jetzt nicht mehr aus dem Haus durfte, warum Polizei die Straße verbarrikadierte und meine Mutter nicht mehr zu Katja ließ.

Aber ich gewöhnte mich schnell daran. Ich weiß noch, dass ich die Präsenz der Stasi damals nicht wirklich bedrohlich fand. Für mich waren die ewig wartenden

Männer beruhigend. Sie passten auf mich auf. Ganz im Sinne der Stasi-Ballade: Leibwächter.

Im Hause Havemann sprach man nicht von Stasi, sondern von Kakerlaken, wenn die Posten vor dem Haus oder in den Autos gemeint waren.

Und weil das so war, wurde ich groß, ohne zu ahnen, was Kakerlaken wirklich sind. Natürlich wusste ich, dass es Küchenschaben gibt, aber ich hatte keinen Schimmer, dass man sie Kakerlaken nennt. Irgendwie war das an mir komplett vorbeigegangen. Ich dachte, Kakerlaken sei der gängige Begriff für das Fußvolk der Stasi. Ich dachte, die heißen so. Klingt ja auch ein bisschen russisch …

Später zogen wir nach Berlin, ich bekam einen neuen Vater, der mir viel besser gefiel als der alte, und mit der Großstadt kehrte eine gewisse Normalität in mein Leben ein.

Ich war ungefähr 16, als ich einen Bekannten besuchte, der gerade in ein Studentenwohnheim am Ostbahnhof gezogen war. Ich fand das sehr schick und erwachsen. Hey, ein Studentenwohnheim, cool.

Sein Zimmer lag in einem der oberen Stockwerke des Hochhauses und hatte einen hervorragendem Blick über Ostberlin. Es gab eine sehr kleine schlauchartige Küche und ein großes Zimmer mit zwei Doppelstockbetten. Ich war begeistert. So also sah das Leben nach der Schule aus. Vierbettzimmer mit Küchenzeile. Super.

Ich ahnte schon, dass mein eigenes Leben nicht so

sein würde, aber ich dachte nicht gerne daran. Außerdem gab ich die Hoffnung nicht auf. Vielleicht würde aus mir mit der Zeit ja doch noch ein anständiger DDR-Bürger. Eben Abitur, Studentenwohnheim, Schrankwand. So wie hier.

Ich lobte sein Zimmer. Ja, antwortete er, es sei toll, nur die vielen Kakerlaken würden stören.

Wie – die vielen Kakerlaken? Ich fiel aus allen Wolken. »Hier im Studentenwohnheim?« Ich war ehrlich erstaunt. Ich wusste natürlich, dass die Stasi auch hier war, mir war allerdings nicht bewusst, dass sie sich so offen in den Gängen des Wohnheims bewegte.

»Ja, natürlich, alles voll. Auch hier im Zimmer.«

»Was?« Meine Stimme wurde merklich schriller. Ich sah niemanden außer uns im Raum. »Wo denn?«

Jetzt schaute er mich irritiert an: »Wo? Na, hinter der Küchenspüle!«

Ich fing vor Verwirrung fast an zu quietschen: »Hinter der Küchenspüle? Du hast Kakerlaken hinter der Küchenspüle? Um Gottes willen, wie viele denn?«

Er sah mich an, als ob ich einen Dachschaden hätte: »Was ist denn das für eine Frage. Keine Ahnung, 200 vielleicht …«

Es war vorbei mit meiner Fassung. Außer mir, kreischte ich los: »*Du hast 200 Kakerlaken hinter der Küchenspüle?!?*« Und ich sah es schlagartig vor mir: die Miniküche, in die nicht mal ein Tisch passte, die Spüle gegenüber der Zimmertür, in Höhe der Armaturen ein riesiges Loch im Gemäuer, dahinter ein Raum, in dem 200 Männer standen, eng aneinander gedrängt, wie in einem überfüllten Bus, und alle schauten unbeweglich durch das Loch über dem Wasserhahn ...

Noch während dieses Bild in meinem Kopf aufblitzte, wurde mir klar, dass hier irgendetwas nicht stimmte. Nie im Leben war so ein vermufftes Studentenwohnheim so wichtig, dass sich zwei Hundertschaften Stasimänner dafür in einen winzigen Raum hinter einer Küchenwand pferchen ließen. Nicht mal für Frieden und Sozialismus. Ich war hier die Verrückte.

»Was sind Kakerlaken?«, fragte ich betont unschuldig meinen Bekannten.

Jetzt war er es, der fast die Beherrschung verlor: »Küchenschaben. Was ist eigentlich los mit dir?«

»Nichts. – Wirklich schönes Zimmer. Wie viel Miete kostet so was?«

Damit war das Thema für mich beendet. Er muss gedacht haben, ich hatte einen kurzen Anfall von Wahnsinn. Ich habe ihn in diesem Glauben gelassen.

DIE HAUPTABTEILUNG VIII
IM MÄRCHENWALD

Meine Großmutter besuchte uns regelmäßig in Grünheide. Sie nahm von Stralsund den D-Zug bis zum Ostbahnhof, stieg dann in die S-Bahn und fuhr bis Erkner durch. Dort stellte sie sich an die zugige Haltestelle und wartete auf den Landbus. Zwei Dörfer weiter war sie am Ziel. Der Bus hielt am Rand der Waldsiedlung, in der wir lebten.

Sie war nur einseitig bebaut. Alle Häuser reihten sich wie aufgefädelt aneinander. Gegenüber standen dichte Kiefern. Nach 200 Metern machte der Weg einen Knick. Dort wohnten wir. In einem Gesindehaus mit Strohdach am Ufer eines winzigen Sees. Er gehörte zu einem noch winzigeren Schloss, welches gleich nebenan hinter einem großen Tor lag und von einem richtigen Park umgeben war. Unsere Straße war nie befestigt worden. Als würden noch des Grafen Rosse hier tänzeln, nur märkischer Sand. Der Weg war durch Wind und Regen so verwaschen, dass er für moderne Fortbewegungsmittel eigentlich immer unbenutzbar blieb. Fahrrad fahren war lebensgefährlich, Autos tuckerten sicherheitshalber in Schrittgeschwindigkeit. Genau richtig für Katzen und kleine Kinder.

Jedenfalls solange die Sonne schien. Nachts wurde die Siedlung zum Gespensterwald. Überall waren unheimliche Geräusche. Es gab Wildschweine, Eulen und bestimmt Wölfe. Ganz zu schweigen von dem meterlangen Krokodil in unserem Kleiderschrank. Ich hatte Panikattacken, wenn ich im Dunkeln allein blieb.

Deswegen verstand meine Mutter auch nicht, was mich dazu brachte, eines Winterabends hartnäckig darauf zu bestehen, meine Großmutter ganz allein vom Bus abzuholen.

Ich ging jetzt in die erste Klasse. Kein Babykram mehr. Wir hatten im Unterricht darüber gesprochen, was Klein-Sein von Groß-Sein unterscheidet. Da ich manchmal noch am Daumen nuckelte, fand ich, dass ich wenigstens durch Heldenhaftigkeit meiner neuen Verantwortung als Schulkind gerecht werden sollte. Ein früh ausgeprägter Hang zu gewisser Radikalität ließ mich meine Chance ausgerechnet im Machtkampf mit der Angst sehen.

Ich zog mir die Tschapka über die Ohren und trat aus dem Gartentor, vorbei am Lada mit den erwartungsvollen Männern. Nach wenigen Metern war ich aus dem Blickfeld verschwunden, und es wurde stockfinster um mich.

Ich wusste natürlich, dass es in Wirklichkeit keine Geister gab. Dass meine Mutter unsere Wohnung zwar Hexenhäuschen nannte, die echten Hexen aber von bösen Pfarrern verbrannt worden waren. Die Wölfe waren längst über alle Berge, und im Kleiderschrank wohnten höchstens Motten. Ich wusste, es gibt keine dunklen Geschöpfe. Aber ganz sicher war ich nicht.

Meine Mutter auch nicht. Als weise Frau hatte sie erkannt, dass es wichtig für mich war, zum Bus zu gehen. Aber selbstverständlich ließ sie mich keineswegs des Abends allein durch den Wald spazieren. Und dann noch über diesen Holperweg. Ohne funktionierende Straßenbeleuchtung. Sie tat das einzig Richtige: sie folgte mir in gut 30 Meter Abstand, ohne dass ich sie bemerkte.

Aber nicht, ohne dass es die Stasi bemerkte. Unser Personenschutz witterte umgehend staatsfeindliche Aktivitäten und ließ den Wagen an.

Die Angst kroch langsam durch die Öffnungen meines Anoraks. Ich musste etwas unternehmen. Ich dachte ganz fest an Schneeweißchen und Rosenrot, die sich auch im Wald fürchteten und als Gegenmittel fröhliche Lieder sangen. Jedenfalls taten sie es auf meiner Amiga-Schallplatte.

Ich war überzeugt, was bei Schneeweißchen und Rosenrot klappt, das hilft auch bei mir. Aber find mal auf die Schnelle das richtige Lied … Hänschen klein, Gans gestohlen, der Kuckuck und der Esel, all das war untauglich. Viel zu kurz für den weiten Weg. Improvisiertes Lalala war mir zu stillos. Ich brauchte einen Text, der ungefähr zur Entfernung passte. Auf die Idee, meine Lieblingslieder einfach zweimal zu singen, kam ich nicht. Sternbild Jungfrau. Die Logikerin in mir sah nicht nach links oder rechts: langer Weg, langes Lied. Also los.

Das mit Abstand strophenreichste Lied, das ich kannte, war eines, das ich zu Hause nicht singen durfte, weil es das Militär verherrlichte. Es ging so: Soldaten sind vorbeimarschiert, im gleichen Schritt und Tritt, wir Pioniere kennen sie und laufen fröhlich mit. Gute Freunde bei der Volksarmee, sie schützen unsere Heimat, zu Land, zur Luft und auf der See, juchhei. Dann folgten etwa 87 Strophen, in denen alle Kompaniemitglieder samt ihren Zivilberufen vorgestellt wurden. Sie schützen unsere Heimat, zu Land, zur Luft und auf der See. Volles Programm.

Meine Mutter erklärte mir immer mit freundlicher Stimme und diesem leichten 70er-Jahre-Friedensbewegungs-Näseln, dass Soldaten im normalen Leben zwar Bäcker oder Lehrer, in Uniform aber Mörder seien. Dann legte sie Wolf Biermann auf, und ich musste mir »Soldat, Soldat in grauer Norm« anhören ... Solchermaßen eingestimmt, ging ich immer gerne zum Pionierchor.

Im Angesicht des Dunkels hielt ich mich nicht lange mit familienpolitischer *correctness* auf und sang einfach los. Mit der ganzen Stimmkraft meiner sieben Jahre schmetterte ich »Soldaten sind vorbeimarschiert« durch die Siedlung. Es war ungemein befreiend.

Wenige Meter hinter mir schwor meine Mutter, mich bei Wasser und Brot zur Vernunft zu bringen.

Und auch die Herren von der Staatssicherheit fühlten sich über alle Maßen von meinem Gesang provoziert. Mit trainiertem Auge erfasste die operative Außenarbeitsgruppe sofort, was hier gespielt wurde. Ein Ablenkungsmanöver. Oder ein Code. Irgendwo sprang sicher gleich der Feind aus dem Busch. Sie mussten schnell reagieren. Dranbleiben oder weiter Posten vor dem Haus beziehen? Sie entschieden sich für Verfolgung der observierten Person.

Ohne Rücksicht auf Auspuff und Familienjuwelen hüpften sie auf dem unbefahrbaren Sandboden todesmutig meiner Mutter hinterher.

Es war *der* Narrenumzug der Saison. Zu NVA-Lied marschierende Tochter vorn, subversive Mutter dahinter, der durchgeschüttelte Stasi-Lada im Schlepptau. Alle in gebührendem Sicherheitsabstand.

Als ich die Bushaltestelle erreicht hatte, versteckte sich meine Mutter im Halbdunkel. Der Wagen bremste und blieb in einem der tiefen Straßenlöcher stecken. Es war wie im Film. Aufgeregt beobachtete die Stasi, wie meine Mutter die Ankunft des Busses abwartete und dann in großer Eile zurücklief. Aha. Nix wie hinterher – aber der Lada saß fest.

Er stand immer noch schief auf dem Sandweg, als ich mit stolzgeschwellter Brust an der Hand meiner Großmutter nach Hause ging. Die Hauptabteilung VIII war gelinkt worden. Doch eine Falle. Der alte Schneeweißchen-und-Rosenrot-Trick.

HONECKERS KANDIERTER APFEL

Im Dezember 1978 ging ich in die erste Klasse. Ein kalter und ungewöhnlich schneereicher Winter stand bevor. Meine Mutter fuhr mit mir zum Weihnachtsmarkt nach Berlin. Ich lag ihr schon auf der Hinfahrt in den Ohren, dass ich unbedingt einen roten kandierten Apfel wollte.

Keine zehn Sekunden, nachdem ich ihn selig in den Händen hielt, war er mir im Gedränge runtergefallen, genau in eine Schlammpfütze. Es war der Weltuntergang. Meiner Mutter blieb nichts anderes übrig, als mir einen zweiten zu kaufen. Aber den sollte ich, zur Sicherheit, erst auf der Heimfahrt essen.

Ich vergaß den ganzen Weihnachtsmarkt: Mich beschäftigte nur noch der kandierte Apfel in Mamas Handtasche. Weder Riesenrad noch Märchentanne konnten mich davon ablenken. Ich war besessen.

Leider herrschte im Bahnhof derselbe Menschenauflauf wie auf dem Markt. Keine Apfelbedingungen. Meine Mutter vertröstete mich auf die Fahrt.

Aber auch der Zug brach natürlich aus allen Nähten, und wir mussten im Gang stehen. Noch länger auf meinen Apfel zu warten, war ich jetzt nicht mehr bereit. Ohne Rücksicht auf Verluste begann ich zu diskutieren, zu fordern, zu jammern. Ich ging allen Anwesenden auf die Nerven. Es war zur Obsession geworden, ich wollte diesen Apfel, jetzt, sofort. Meine Mutter konnte nichts mehr tun.

Um dem ein Ende zu bereiten oder aus Mitleid bot ein netter älterer Herr ihr an, ich könne mich ja so lange auf seinen Schoß setzen und meinen Apfel essen. Das ginge schon in Ordnung. Er trug eine Uniform. Ein Volkspolizist auf dem Weg nach Hause.

Ich wusste ganz genau, dass meine Mutter es gar nicht schätzte, wenn ich wie auch immer geartete Beziehungen zur Polizei aufbaute, zu schweigen davon, mich auf den Schoß eines Vopos zu setzen. Aber da es um diesen Apfel ging, war mir jeder Verrat gleich. Scheinheilig sah ich sie an. Sie konnte es schlecht verbieten in dieser Öffentlichkeit.

Als ich meinen blöden kandierten Apfel endlich aufgegessen hatte, begann ich dem Polizisten Witze zu erzählen. Er lachte. Also legte ich nach. Erst ein paar unanständige und dann, sehr zum Amüsement der Mitreisenden, aber dem Leidwesen meiner Mutter, Honecker-Witze. Was eben so bei uns zu Hause erzählt wurde …

Der halbe Waggon fing schon an zu glucksen, als meine Mutter plötzlich einschritt und mir mit ihrer süßesten Stimme erklärte: »So, mein liebes Kind, ich weiß ja nicht, wo du diese Witze her hast, ich muss wohl mal mit deiner Lehrerin ein ernstes Wort sprechen. Aber eines weiß ich, wenn du nicht sofort damit aufhörst, dann wird dieser nette Polizist hier seinen Block und einen Stift herausholen, alles aufschreiben und es dem

Genossen Honecker mitsamt unserer Adresse geben. Und das möchtest du doch nicht, oder?«

Nein, das wollte ich nun wirklich nicht. Keiner ahnte, *was* meine Mutter mir gerade wenig verschlüsselt mitteilte. Die Drohung saß. Ich wusste sehr gut, dass wir im Fokus der Aufmerksamkeit waren. Und ich war, im Rahmen des Möglichen, darauf vorbereitet worden, dass meine Mutter und ihre Freunde plötzlich weg sein könnten, im Knast verschwunden oder sonstwohin verschleppt. Das war nicht wirklich wahrscheinlich, aber man wusste nie. Schon gar nicht in dieser Zeit. Also hatte man mir von Anfang an Skepsis gegenüber Fremden und jeder Art DDR-Behörde, insbesondere der Polizei, beigebracht. Aber ich war sieben Jahre alt und unterschied Feind und Freund am realistischsten beim Mensch-ärgere-dich-nicht.

Mit ihrer Mahnung holte mich meine Mutter auf den Boden meiner Wirklichkeit zurück. Sofort erwachte das diffuse Gefühl von Bedrohung, das mich meine ganze Kindheit begleitet hat. Big Brother is watching you. Ich wusste, das hieß nichts Gutes.

Schlagartig verstummte ich, stand auf und sah den Polizisten entsetzt an. Die Situation war ihm sichtlich unangenehm. Verunsichert saß er in seiner Uniform auf der Bank, bezichtigt, ein Büttel des Polizeistaates zu sein, der kleine Kinder ans Messer lieferte. Der Mann schaute sich bestürzt um. Er hatte keine Chance, sich zu rechtfertigen.

Ich wandte meinen Blick nicht mehr von ihm. Er hatte

kaum noch Haare, einen runden Bauch, freundliche Augen. Und – er war mein Apfel-Held. Er tat mir ein bisschen Leid. Ich hatte keinen Grund, ihm persönlich zu misstrauen. Ich hatte allerdings auch keinen, ihm verbotene politische Witze zu erzählen. Vielleicht wollte ich einfach eine Grenze austesten …

Bei nächster Gelegenheit setzte sich meine Mutter mit mir weg, und wir fuhren bis zur Endstation durch. Beim Aussteigen bemerkte ich, dass auch der Polizist erst jetzt den Waggon verließ. Er sah uns und bremste sein Tempo.

Als wir am unteren Ende der Bahnhofstreppe angekommen waren, nahm er oben gerade die ersten Stufen. Das war meine Chance. Ich drehte mich auf dem Absatz um und rief ihm durch die dröhnende Halle zu: »Mama kann Bullen nich leiden. Aber ick find dich trotzdem janz nett.«

Meine Mutter zerrte mich aus dem Bahnhof und schubste mich hektisch in eines der wartenden Taxis. Kaum war die Wagentür zugefallen, sah sie mich streng an und hielt mir eine Predigt. Ich musste versprechen, nie wieder öffentlich Honecker-Witze zu erzählen und Polizisten nicht mit »Bullen« anzusprechen – selbst wenn ich es nett meinte. Als ich alles hoch und heilig geschworen hatte, strich sie mir über den Kopf und zwinkerte versöhnlich. Dann brach sie in schallendes Gelächter aus.

DIE MEISSNER PORZELLANTASSE

Es gibt Verluste im Leben, die kann man nie verwinden. Ich zum Beispiel komme einfach nicht darüber hinweg, dass die Stasi einst ein Päckchen eingezogen hat, das für mich bestimmt war. Es kam aus Italien und darin waren ein blauer Schal und eine blaue Mütze. Der Brief, der das Geschenk ankündigte, kam an, das Päckchen nicht. Ich habe das nie vergessen. In gewisser Hinsicht warte ich heute noch darauf.

Mein schmerzlich vermisstes Päckchen kam von Claudio, dem Traumprinzen meiner Kindheit. Mir war gleich klar, dass er etwas Besonderes war. Er hieß genau wie ich und kam aus Rom zu uns in den Wald nach Grünheide. Er nannte mich Prinzessin und manchmal sogar principessa. Das klang toll.

Claudio und meine Mutter hatten sich unter absurden Umständen kennen gelernt. Wir lebten damals noch auf Rügen, aber meine Eltern waren schon in Scheidung. Es muss um 1975 gewesen sein. Für ein langes Wochenende hatte Mama mich bei Oma in Stralsund aus dem Bus gereicht und war nach Grünheide gefahren. Katja und Robert, die das Haus niemals unbewacht ließen, nutzten die Gelegenheit, gemeinsam einzukaufen.

»Lass keinen rein«, sagte Robert zu meiner Mutter.
»Natürlich nicht«, sagte sie.

Sie hatte schon öfter das Haus gehütet und nahm diese Aufgabe sehr ernst. An ihr kam keiner vorbei, den sie nicht kannte oder der ausdrücklich erwartet wurde. Die Mauer war nichts gegen meine Mutter.

Es klingelte. Sie öffnete die Vordertür einen Spalt und steckte den Kopf durch. Draußen stand ein hoch gewachsener junger Mann mit Brille. Er sah sie überrascht an und fragte, ob Professor Havemann da sei.

»Nein«, antwortete sie kurz angebunden. Äh, wann er denn wiederkehre? Das wisse sie auch nicht.

»Hören Sie«, hub der junge Mann an: »Ich komme aus Italien. Eigens um den Herrn Professor zu treffen, und ich bringe ihm Grüße von Lucio Lombardo-Radice aus Rom, vom Politbüro der Kommunistischen Partei Italiens.«

Meine Mutter sah ihn unbeeindruckt an. »Kenn ich nicht. Und es ist mir egal, mit wessen Grüßen Sie hier ankommen. Ich darf keinen reinlassen.«

Claudio gab nicht auf. »Wäre es vielleicht möglich, hier auf den Herrn Professor zu warten?«

»Natürlich nicht«, zischte Mama ihn an.

»Va bene«, sagte Claudio schließlich. »Dann werde ich ein bisschen am See spazieren gehen und später wiederkommen.«

»Tun Sie, was Sie wollen«, rief meine Mutter schnippisch und zog die Tür zu.

Claudio war nicht das erste Mal in Grünheide. Er hatte Physik und Philosophie studiert, Deutsch gelernt und viel von Robert gelesen. Vor allem »Dialektik ohne

Dogma« fiel im linksintellektuellen Teil des Stiefels auf fruchtbaren Boden. Wie ein Leuchtturm zeigte Robert Havemann den Weg in den Eurokommunismus. Ex oriente lux.

Claudio war begeistert. Er wollte diesen, im eigenen Land eingesperrten Propheten kennen lernen und fuhr im Sommer 1974 nach Westberlin. Er kaufte an der Friedrichstraße ein Tagesvisum für 25 DM, passierte die Staatsgrenze der DDR und ging ins nächste Postamt. Dort schaute er ins Telefonbuch. Es gab nur einen Eintrag unter dem Namen Robert Havemann. Claudio steckte eine goldglänzende Zwanzig-Pfennig-Münze in einen Fernsprecher und rief an. Einfach so. Beim Staatsfeind Nr. 1.

Eine Frau meldete sich und gab ihm ohne zu zögern die Adresse des Sommerhauses in Grünheide. Warum auch nicht – die Stasi wusste ja sowieso, wo Robert wohnte. Geheimniskrämerei war in diesem Fall nicht nötig.

Claudio war hingefahren und hatte lange mit ihm gesprochen.

Jetzt, ein Jahr später, war er wieder aus Westberlin angereist und wollte das wiederholen – aber meine Mutter stand wie der Fels von Gibraltar in der Tür und ließ sich nicht erweichen. Da könnte ja jeder kommen und behaupten, er sei Italiener …

Claudio drehte sich um und ging. Hinter den Badezimmergardinen versteckt, beobachtete meine Mutter, wie er nach links abbog und verschwand.

Eine halbe Stunde später rollte der dunkelgrüne Wartburg auf den Hof. Katja und Robert waren zurück vom Einkauf.

Als Robert hörte, wen meine Mutter an der Tür abgefertigt hatte, gab es ein Donnerwetter. Er war außer sich. Wütend dirigierte er sie aus dem Haus, den Italiener sofort herzubringen. Wehe, wenn der weg war …

Meine arme Mutter setzte sich, keiner Schuld bewusst, auf ein altes Fahrrad und klapperte los. Sie hatte Glück. Claudio saß auf dem Bootssteg der Dampferanlegestelle und blinzelte in die Sonne.

Meiner Mutter war die Situation ein bisschen peinlich, aber Claudio war amüsiert von dem vehementen blonden Wachhund.

Am frühen Abend musste er aufbrechen, um pünktlich wieder im Westen zu sein. Und auch meine Mutter machte sich auf den Weg zurück an die Ostsee. Gemeinsam nahmen sie die S-Bahn nach Berlin.

Von da an schrieb Claudio meiner Mutter Briefe. Die schönsten der Welt. Er schrieb von den sieben Hügeln Roms, von der Sonne auf den Dächern der Stadt, den Plätzen, den Menschen, dem Tiber. Sie waren überschwänglich, romantisch und voller Leben.

Als wir ein Jahr später nach Grünheide zogen, hatte Claudio es geschafft, ein Visum für mehrere Tage in Ostberlin zu bekommen. Es war ihm ausdrücklich verboten worden, die Stadtgrenze zu verlassen, aber Claudio ignorierte das. Er besuchte uns fast jeden Tag im Grünheider Hexenhäuschen. Ich mochte ihn über alle Maßen. Wenn wir zusammen spazieren gingen, trug er mich auf den Schultern, sang mir italienische Lieder vor und erzählte vom Land, wo die Zitronen blühen. Meinetwegen hätte er gerne mein neuer Papa werden und uns dahin mitnehmen können.

Auch Robert gefiel diese Liaison, die gar keine war. »Heirate ihn!«, sagte er immer wieder zu meiner Mutter. »Heirate ihn. Es ist für ihn einfacher, dich aus der DDR mitzunehmen als eine Meißner Porzellantasse. Tu es, auch für deine Tochter.«

Aber meine Mutter, die gerade erst geschieden war, hatte große Bauchschmerzen: »Ich kann doch keinen Mann heiraten, den ich gar nicht kenne.« Es war nur die halbe Wahrheit. Sie hatte Angst. Angst davor, ihr frisch gewonnenes neues Leben einzutauschen gegen etwas völlig Unbekanntes. Alles zu verlassen. Mich in ein Land zu bringen, dessen Sprache ich nicht sprach, und mich damit auch für immer meinem leiblichen Vater zu entziehen. Auf ewig in die Fremde zu gehen, ohne die geringste Vorstellung, was sie dort erwarten würde. Meine Mutter war noch nicht mal 25 und alle, die sie liebte, waren hier. Ob Claudio der Richtige war, ihr das alles zu ersetzen, konnte sie nicht wissen nach drei Treffen und ein paar feurigen Zeilen.

Sie sollte nie eine Chance bekommen, es herauszufinden. Claudios Besuch ein Jahr später wurde sein letzter.

Die Situation in Grünheide hatte sich seit dem Hausarrest von Robert zugespitzt. Die Stasi passte auf, dass möglichst wenig nach außen drang. Ein Ausländer war das Letzte, was sie da haben wollten. Von Mamas italienischem Brieffreund mit den guten Kontakten zur KPI hatten sie natürlich schnell Wind bekommen. Claudio hatte wieder das ganze Jahr Briefe und Karten geschrieben und die Postfrau bat meine Mutter oft, ihr die seltenen Briefmarken zu überlassen. Ganz vorsichtig löste Mama sie über Wasserdampf ab und schenkte sie ihr.

Im Herbst hatte Claudio wieder in Berlin zu tun und kam natürlich auch zu uns nach Grünheide. Meine Mutter hatte gerade Besuch. Ein Freund, dachte sie – ein eifriger Mitarbeiter, wusste die Stasi. Als Claudio am späten Abend zurückmusste, bot IM Diamant an, ihn im Auto mitzunehmen. Mama und Claudio verabredeten sich für den nächsten Tag und umarmten sich zum Abschied.

Sie sahen sich erst zwölf Jahre später wieder. Claudio durfte nicht mehr einreisen. Ohne Angabe von Gründen. Seine Briefe wurden abgefangen und gelesen. Aber wenigstens kamen sie durch. Meistens jedenfalls.

Wenn wieder einer Grünheide erreichte, seufzte unsere Postfrau. Und eines Tages gestand sie meiner Mutter, dass sie heimlich jede Karte gelesen hatte. Und dann, wie meine Mutter und ich, kurz von Italien träumte, dem Land, wo die Zitronen blühen.

PEGGY UND DER SCHATTEN
VON ERNST THÄLMANN

Ich habe die Entscheidung meiner Eltern, in der Opposition zu leben, nicht mitgetroffen. Ich war ihr ausgeliefert.

Heute bin ich ihnen dankbar. Sie haben mich damit privilegiert. Ich weiß genau, in welchem Land ich groß geworden bin. Niemand kann mir unterstellen, ich wüsste nicht, wovon ich rede. Das erleichtert das Miteinander seit der Wende erheblich.

Als Mädchen war ich dagegen zerrissen zwischen dem Wunsch nach Unauffälligkeit und der Würde einer Eingeweihten. Ich gehörte zu einem exklusiven Club, aber manchmal wäre ich gern angepasster DDR-Durchschnitt gewesen. Mit Eltern in der Partei, FDGB-Urlaub in Kühlungsborn und einer Dreizimmerwohnung in Marzahn. Ohne Geheimnisse. Einfach in der Menge verschwinden.

In Grünheide gab es keine Anonymität, jeder wusste, wer wir waren. Als die Aktion »Schwerter zu Pflugscharen« begann, war ich zehn Jahre alt. Ich ging in die vierte Klasse. Natürlich mussten auch wir Kinder die Aufnäher mit dem Abrüstungssymbol tragen. Wir waren zu zweit. Franziska, die fast gleichaltrige Tochter von Katja und Robert, und ich. Unsere Mütter hatten die auffälligen Stoffkreise an die Jackenärmel genäht und uns damit in die Schule geschickt. Spießrutenlaufen. Aber was tun brave Töchter nicht für den Kampf um den Frieden. Es hieß ohnehin wenig mehr, als die Erwartungen der Leute zu erfüllen. Wir hatten ja gewissermaßen eine dörfliche Oppositionsverpflichtung. Doch so ganz ohne Vorsichtsmaßnahmen ließ man uns nicht auf die Menschheit los. Es gab eine Belehrung. Vor dem großen Kamin stehend, erklärten unsere Mütter, was »Schwerter zu Pflugscharen« bedeutet. Es sei ein Bibelzitat aus Micha 4 und laute in voller Länge: »Und sie sollen ihre Schwerter zu Pflugscharen und ihre Spieße zu Rebmessern verschmieden; kein Volk wird wider das andere ein Schwert erheben und sie werden den Krieg nicht mehr erlernen.« Die Sowjetunion habe 1957 die gleichnamige Skulptur von Jewgeni Wiktorowitsch Wutschetitsch als Friedenssymbol an die UNO verschenkt.

Halleluja. Jewgeni Wiktorowitsch Wutschetitsch – und das vor dem Frühstück …

Ich ging schon mit ungutem Gefühl in die Schule. Die Kinder reagierten nicht auf das Mal an meinem Oberarm, aber es war nur eine Frage der Zeit, bis die Behörden in Aktion traten. Es dauerte nicht lange und mein Klassenlehrer sah seine Chance gekommen. Er war frisch von der Armee entlassen und verwechselte uns gelegentlich mit Rekruten. Offenbar glaubte er an körperliche Züchtigung als probates Erziehungsmittel. Standen wir im Sportunterricht nicht zackig in Reih und Glied, scheuchte er uns selbst im Januar um die Aschenbahn. Wenn wir dann zitterten, höhnte er grinsend: Ist euch kalt? Dann könnt ihr gleich nochmal rennen ...

Er war groß und blond und hätte zu anderen Zeiten sicher auch Arbeit gefunden. Sein Name passte zu ihm. Er hieß Petzke.

Herr Petzke also ließ mich vor die Klasse treten und hielt einen Vortrag darüber, warum die Friedensbewegung in Wirklichkeit die Konterrevolution und der Aufnäher westdeutsche Propaganda sei und ich mich damit deutlichst als Klassenfeind enttarnt hätte. Ich wolle, so schloss er, das Ende der DDR und damit den Faschismus zurück.

Es war lächerlich. Außer ihm durchschaute niemand den politischen Hintergrund seiner Ausführungen. Meine erschrockenen Mitschüler verstanden noch weniger als ich, wovon er eigentlich redete. Herr Petzke veranstaltete in der 4b eine kleine Sondersendung des Schwarzen Kanals nur für sich allein.

Ich sah in die Klasse und fühlte das Fallbeil im Nacken. Es war meine Hinrichtung. Tränen stiegen mir die Gurgel hinauf. Wehe, du heulst jetzt. Sei mutig. Man hatte mir zu Hause beigebracht, in solchen Situationen niemals Angst zu zeigen. Ich wusste, dass sie sonst erreicht hätten, was sie wollten: uns einzuschüchtern. Die Regel lautete: Sie können uns alles nehmen, aber eines bekommen sie nicht: Genugtuung. Jetzt war das mein einziger Halt.

Ich riss mich zusammen und sagte trotzig meinen Text auf. Herr Petzke ging gar nicht erst auf Bibel und Sowjetunion ein, sondern forderte die anderen auf, sich zum Thema zu äußern. Er schaute lauernd in die Runde. Eine pummelige Fischertochter aus dem Nachbarort hob die Hand. Sie stand auf und verkündete: Wenn das Ernst Thälmann wüsste, dann würde er sich im Grabe umdrehen.

Dazu muss man wissen, dass Ernst Thälmann für DDR-Kinder so etwas war wie Robin Hood und Superman in Personalunion. Der unantastbare Heiland. Insofern war ihre Reaktion zwar niederträchtig, aber vollkommen altersgerecht. Viele in der Klasse nickten. Zwei, drei andere schlossen sich dem eben Gesagten an. Ich wurde immer blasser und immer kleiner.

Plötzlich sprang meine Freundin Peggy auf und meldete sich zu Wort. Mit Bestimmtheit erklärte sie: »Ich verstehe euch nicht, ihr könnt Claudia doch sonst auch leiden. Und auf einmal ist sie für euch ein Klassenfeind?! Ich glaube nicht, dass sie schwindelt. Und wenn die SU diese Statue der UNO geschenkt hat, dann ist es doch was Gutes. Für Frieden bin ich auch. Warum soll Claudia dann gegen die DDR sein? Das verstehe ich nicht. Und eins will ich mal sagen außerdem, wenn Ernst Thälmann wüsste, was ihr hier macht, dann würde er sich wirklich im Grabe umdrehen!«

Sprach's und setzte sich hin, als hätte sie nicht soeben einen Reserveoffizier der NVA Lügen gestraft. Mehr noch, sie hatte ihren Klassenlehrer vorgeführt. – Nicht schlecht für eine Zehnjährige.

Ich war tief berührt von ihrer Loyalität. Wir kannten uns schon aus dem Kindergarten und sie war meine allerbeste Freundin, aber es kam durchaus vor, dass wir uns in der Pause prügelten. In dieser Situation war nicht unbedingt abzusehen, dass sie sich auf meine Seite stellen würde. Immerhin lautete die Anklage auf Vaterlandsverrat. Ich strahlte sie an.

Herr Petzke sah ein, dass nach Peggys moralischem Home-Run nichts mehr zu holen war, und beschloss, die peinliche Angelegenheit zu beenden. Mit einem tonlosen »Du kannst dich wieder setzen« schickte er mich zurück auf meinen Platz. Dann ging er zum Unterrichtsgeschehen über. Ich war erlöst.

Über die Rettung aus der Not hinaus hatte Peggy mir etwas sehr Wichtiges gezeigt: Es gab Menschen, für die ich glaubwürdig war. Auch außerhalb unserer Kreise. Keine spätere Erfahrung von Solidarität war für mich so entscheidend wie diese.

Die Geschichte hatte nie ein Nachspiel. Der konfliktscheue Direktor löste das Problem ein paar Tage später auf seine Weise. Er ging persönlich durch die Schulflure und trennte das Corpus Delicti von unseren Jackenärmeln. Als der Unterricht zu Ende war, hing mein Parka gewissenhaft glatt gestrichen am Haken und »Schwerter zu Pflugscharen« war entfernt. Ich war ausgesprochen erleichtert.

GLEICHE UNTER GLEICHUNGEN

Meine Mutter war immer stark von dem Wunsch geprägt, unauffällig und angepasst zu sein. Tatsächlich war sie es niemals.

Ich habe lange darunter gelitten, weil ihr Konflikt sich frühzeitig auch auf mich übertrug. Das war doppelt schwierig, denn ich war schon von Natur aus nicht dezent. Ich war vorlaut, temperamentvoll und von nicht zu bändigendem Redeschwall. Ich konnte mich nie zurückhalten, mit gar nichts. Ich war einfach immer ein bisschen zu viel.

Das Gefühl, abnorm zu sein, wurde dadurch noch verstärkt, dass ich schulisch völlig unterfordert war. Ich fiel einfach in jeder Hinsicht aus dem Rahmen. Und ich hatte das Gefühl, es sei etwas Schlechtes.

Doch anders als gegen mein überschäumendes Wesen konnte meine Mutter hiergegen etwas unternehmen. Wenn die Schule meine Energien nicht erschöpfen konnte, dann mussten diese eben umgelenkt werden. Und wo gab es dazu mehr Möglichkeiten als in der Hauptstadt. Also zogen wir 1982 um.

Die Rechnung meiner Mutter ging auf. Ich nahm im Laufe der Zeit alles mit, was mir interessant vorkam: Flötenunterricht, Volleyball, Theaterclub, Chor, Hörspielstudio, Abendschule, Philosophiekreis, Mathezirkel. Ich glaube, ich habe während meiner Schulzeit so fast alles gemacht, was man in Ostberlin machen konnte. Ich war jeden Nachmittag mit irgendetwas anderem beschäftigt.

Doch nichts davon hatte so große Bedeutung für meine persönliche Entwicklung wie die Mathematische Schülergesellschaft »Leonhard Euler«.

Meiner neuen Mathelehrerin war ich im Unterricht aufgefallen, und sie schlug mir vor, im Pionierhaus des Stadtbezirks bei der Arbeitsgemeinschaft *Junge Mathematiker* vorbeizuschauen. Mathe war eines meiner Lieblingsfächer, also ging ich hin. Ich merkte schnell, dass die AG *Junge Mathematiker* zutreffender AG *Heiteres Rätselraten* hätte heißen sollen, aber das tat meiner Begeisterung keinen Abbruch. Im Gegenteil. Ich liebte Rätsel. Es machte mir sofort großen Spaß.

Das Ziel der Arbeitsgemeinschaft bestand im Wesentlichen darin, die Schüler langfristig auf die allgemeine Matheolympiade vorzubereiten, möglichst die nächsthöhere Qualifizierung zu gewährleisten und Talente frühzeitig herauszufiltern. Immer auf der Suche nach Meistern von morgen.

Kinder, die dabei auch nur ein wenig glänzten, wurden in der 6. Klasse zur MSG delegiert, der Mathematischen Schülergesellschaft an der Humboldt-Universität zu Berlin. Unter Anleitung junger Dozenten erhielt man zusätzlichen Mathematikunterricht, um das kostbare Potenzial, das da fürs sozialistische Prestige heranwuchs, beständig zu fördern. Wissenschaftlicher Beutefang à la DDR.

Ich weiß zwar bis heute nicht, welcher versehentliche Geniestreich mich dafür verdächtig gemacht hatte, aber ich ging ab sofort artig einmal pro Woche in die Uni. Humboldt-Universität *zu* Berlin, das fand ich natürlich zum Niederknien schick. Ich war zwölf Jahre alt.

Allerdings hätte mir die Ernsthaftigkeit des Unterrichts anfangs fast die Laune verdorben. Die MSG war ganz anders als der kleine Knobelklub im Pionierhaus. Das hier war richtige Mathematik – und nicht so einfache wie in der Schule. Auch die Klasse schien ein bisschen seltsam. Alle kamen schweigend in den Raum, folgten dem Unterricht der Seminarleiterin und schrieben nach 2 Stunden die Hausaufgaben von der Tafel ab. Ich fand das oberlangweilig.

Bis im Sommer das Mathelager kam. Natürlich hatte ich zunächst starke Bedenken, da hinzufahren. Die Vorstellung, dem knochentrockenen Unterricht drei Wochen täglich ausgesetzt zu sein, war nicht besonders verlockend. So sehr liebte ich Pythagoras nun auch wieder nicht. Die anderen Kinder in meiner Gruppe konnte ich überhaupt nicht einschätzen. Vielleicht verstand ich mich mit ihnen gar nicht. Ich wollte nicht schon wieder die Außenseiterin sein. Meiner Mutter war das egal. Bevor ich es nicht versucht hatte, konnte ich es nicht blöd finden. Schlimmstenfalls würde sie mich wieder abholen. Ich war ziemlich sauer und kam äußerst schlecht gelaunt im Mathelager an. Einen Tag verspätet. Meine Eltern hatten sich im Datum vertan. Auch das noch.

Das MSG-Lager war im hinteren Teil eines großen Feriengeländes am Ufer eines Sees untergebracht. Wir schliefen in flachen Betonbauten direkt am Waldrand. Dort hatten wir vormittags Open-Air-Unterricht. Die Schülergrüppchen verteilten sich in Hörabstand unter den hohen Fichten um je eine transportable Tafel und den dazugehörigen Lehrer. Ein gutes Dutzend fliegende Klassenzimmer.

Nach einem Tag wusste ich, dass ich nirgendwo lieber sein wollte als hier. Es war eine Offenbarung für mich, denn etwas völlig Unerwartetes passierte: Ich fiel nicht auf. Nicht ideologisch, nicht intellektuell, nicht charakterlich. Ich war nichts Besonderes. Alle Kinder hier waren Außenseiter. Und die meisten von ihnen waren wirklich cool. Es war großartig. Wir erzählten um die Wette Witze, alberten rum und versuchten uns gegenseitig im Wissen zu überbieten. Klugscheißer beim Erwachsenwerden. Endlich hatte ich Kinder gefunden, die so waren wie ich.

Am meisten wie ich war meine Freundin Andy. Eigentlich heißt sie Andrea, aber ich nannte sie Andy, mit Ypsilon am Ende. Sie nannte mich Claudy, auch mit Ypsilon. Ab diesem Sommer hingen wir wie Pech und Schwefel zusammen. Wir mochten dieselbe Musik, schwärmten für denselben Jungen (dem wir auch ein Ypsilon verpasst hatten) und lachten über dieselben Dinge.

Traditionell gab es in der MSG ein starkes Ungleichgewicht der Geschlechter. Mädchen waren Mangelware. Normalerweise gab es zwei, höchstens drei pro Gruppe. Wir machten die große Ausnahme: zu sechst stellten wir immerhin fast ein Drittel der gesamten Klasse.

Nach dem Unterricht machten alle, wozu sie Lust hatten. Da es ein besonderes Ferienlager mit sonderbaren Kindern war, wurde die Freizeitgestaltung locker gesehen. Ich kann mich nicht erinnern, dass wir irgendeinem Programm folgen mussten. Wenn ich an das Mathelager zurückdenke, sehe ich uns immer fröhlich und übermütig.

Oder laut singend. Da Mathe und Musik nah beieinander liegen, musizierten wir Mädchen oft zusammen. Zwei hatte ihre Gitarren mitgebracht. Im Wesentlichen bestimmten Andy und ich das Repertoire. Andy konnte ganz tolle Lieder aus dem Singe-Club und der Jungen Gemeinde. Ich konnte ganz tolle Lieder von Wolf Biermann. Natürlich sang ich im Mathelager nur welche, denen das nicht anzumerken war. Entsprechend sah unsere Hitparade aus. Sie wurde bestimmt von Hannes Wader, russischen Partisanenliedern und dem bösen bösen Wolf. Das war sicher nicht im Sinne von Margot Honecker.

Aber das interessierte mich nicht. Obwohl das Ferienlager am Frauensee ein Pionierlager war und uns jeden Morgen eine Fanfare weckte, schien die DDR nicht da zu sein. Zwischen Differentialrechnung und Fibonacci-Reihen war alles ganz anders. Es war Urlaub vom Realsozialismus. Der ganze Polit-Hokuspokus sah von hier aus wie ein Spiel. Drei Wochen im Jahr verlor die DDR für mich jede Bedrohlichkeit.

Später ging Andy auf die Matheschule und ich nicht. Unsere Wege trennten sich. In den Jahren nach der Wende verloren wir uns endgültig aus den Augen. Ich wusste nur, dass sie klassischen Gesang studierte. Wir hatten jahrelang nichts mehr voneinander gehört. Umso größer die Freude, als ich sie eines Abends zufällig auf der Straße traf. Wir fielen uns um den Hals und gingen sofort in die nächste Kneipe. Wir redeten und redeten und redeten. Ihr Freund saß die ganze Zeit etwas gelangweilt daneben und hörte sich tapfer an, wie wir glücklich tratschten und Erinnerungen auffrischten. Irgendwann fragte er, woher wir uns eigentlich kennen würden. Wir antworteten im Chor: Na, aus dem Mathelager.

Er schaute uns irritiert an: »*Mathelager?* Was ist denn *das*?«

Wir erklärten ihm, dass das Mathelager eigentlich wie ein normales Ferienlager war, abgesehen vom täglichen Matheunterricht.

Andys Freund entglitten die Gesichtszüge. »Jeden Vormittag freiwillig Mathe? In den Ferien? Stundenlang?« Sein mitleidiger Blick ließ keinen Zweifel: Er hielt uns für Freaks.

In diesem Moment verstand ich etwas. Aus dem Abstand betrachtet, erschien mir sein Befremden gar nicht abwegig. Ich konnte plötzlich zum ersten Mal nachfühlen, warum meine Mitschüler früher immer so fassungslos auf mein Hobby reagiert hatten. Es musste Außenstehenden zumindest ungewöhnlich erscheinen, sein halbes Teenagerdasein freiwillig mit zusätzlichem Matheunterricht zu verbringen. Es war wirklich ein wenig grenzwertig.

Aber für mich war es die beste Zeit des Jahres. Ich war Gleiche unter Gleichungen.

DIE JUGENDWEIHE

Die Jugendweihe war das abschließende und am heißesten erwartete Ereignis einer DDR-Kindheit. Sie bedeutete die feierliche Aufnahme der Vierzehnjährigen in den Kreis der Erwachsenen. Zeitgleich bekam man seinen Personalausweis, trat in die FDJ ein und wurde fürderhin von den Lehrern im Unterricht gesiezt. Ein bedeutsamer Moment also.

Da die Deutschen wissen, wie man Feste feiert, wurden die jungen Leute hierfür in Sonntagskleider gesteckt, bekamen teure Geschenke und durften sich später unter der Aufsicht von Mutti und Vati zum ersten Mal richtig betrinken. Bis zur bitteren Neige: Jugendweihegeschichten endeten meistens auf dem Klo. In dieser Hinsicht hatten es Ostkinder auch nicht leichter als andere: Das Ganze war eine Kreuzung aus Konfirmation und Debütantinnenball.

Ich hatte Anfang April 1986 Jugendweihe. Symbolischerweise war es ausgerechnet an dem Tag, an dem die Zeit umgestellt wurde. Das hatte bei unserer Klassenlehrerin vorher ein bisschen Panik ausgelöst. Aber am Ende waren alle pünktlich.

Der Festakt mit Reden, Kulturprogramm und sozialistischem Glaubensbekenntnis fand in einem Saal des Museums für Deutsche Geschichte statt, das jetzt Deutsches Historisches Museum heißt. Bevor es losging, standen die meisten Eltern noch draußen am Kanalgeländer in der Frühlingssonne, sahen auf den Palast der Republik und rauchten. Wir standen abseits, hinter ein paar Büschen versteckt und rauchten auch. Alle waren aufgeregt.

Bei mir ging es eigentlich. Obwohl ich sogar eine Rede halten musste, war ich insgesamt ein wenig leidenschaftslos, was diese ganze Weihe betraf. Theoretisch hätte ich mich auch konfirmieren lassen können, doch es wäre mir noch falscher vorgekommen, als auf den Staat zu schwören. Denn ich war zwar zutiefst atheistisch erzogen worden, aber, ehrlich gesagt, belog ich doch lieber Honecker als Gott. Sicher ist sicher. Man weiß ja nie.

Andererseits war religiöse Verbundenheit, echte oder vorgeschobene, die einzige Ausrede, sich vor dem Staatsschwur zu drücken. Manche nahmen an beidem teil, vor allem auf Dörfern war das üblich, aber ich habe nie jemanden getroffen, der keines von beiden gemacht hatte. Also entschied ich mich für die Jugendweihe. Denn natürlich wollte ich auch ein Initiationsritual. Ich wollte auch erwachsen werden. Und ich wollte sein wie die anderen.

Doch wie immer, wenn ich versuchte, nicht aufzufallen, ging es total in die Hose. Genauer gesagt ins Kleid.

Die entscheidende Frage der Jugendweihe lautete nämlich »Was ziehst du an?« Ich hätte das wohl häufiger ansprechen sollen, vielleicht wäre mein farblicher

Alleingang dann zu verhindern gewesen. Denn alle aus der Klasse trugen Rot, Schwarz oder Weiß. Alle. Auch die Jungs. Nur mein Kleid war leuchtend grün. Es war ein getragenes Cordkleid, das eine Schulfreundin meiner Oma aus dem Westen geschickt hatte. Weil es mir passte und noch ganz neu aussah, wurde beschlossen, dass ich es zur Jugendweihe anziehen sollte. Es war feinrippig, schräg geknöpft und hatte einen kleinen Stehkragen. Ich sah darin aus wie eine sitzen gebliebene Gouvernante.

Doch mein Kleid war harmlos gegen den Aufzug meines leiblichen Vaters. Er schoss, modisch gesehen, ganz klar den Vogel ab. Ich weiß nicht, was ihn geritten hat, vielleicht war es Vorschrift, vielleicht wollte er nur meine Mutter ärgern, vielleicht fühlte er sich auch einfach sicherer so; jedenfalls trat er allen Ernstes zu meiner Jugendweihe in seiner weißen Parade-Uniform an. Ich dachte, ich seh nicht richtig. Und das mir. Mit 14 fing ich gerade vorsichtig an, meine Situation als Außenseiterkind auch ein bisschen cool zu finden. Und dann, wie aus dem Nichts, kam mein leiblicher Vater und offenbarte allen, was ich in Wirklichkeit war: eine Offizierstochter auf Abwegen.

Eigentlich sah mein Vater sogar ziemlich gut darin aus. Groß und breitschultrig, mit dem kleinen Dolch an der Seite, den Marineoffiziere trugen, und den goldenen Tressen. Die Uniform stand ihm. Aber dafür hatte ich an diesem Tag keinen Sinn.

Ich freute mich, dass mein Vater sich Zeit genommen

hatte, aber seine Verkleidung war mir aufrichtig peinlich. Außerdem führte sie mir etwas vor Augen, das für die anderen unsichtbar blieb. Nicht er war verkleidet, sondern ich. Es sah nur so aus, als bekannte ich mich hier zu Staat und Sozialismus, in Wirklichkeit war alles ganz anders. Seine NVA-Uniform war der gut sitzende Beweis meines Meineids.

Aber vermutlich war ich sowieso die Einzige im Saal, die den politischen Aspekt der Jugendweihe so schwer nahm. Denn der Treueschwur mit seinem überholten Pathos reihte sich ein in die alltägliche Schizophrenie im Osten. Das Gelöbnis spielte keine Rolle – entscheidend waren das Fest und die Geschenke.

Während der Zeremonie saß ich zwischen meinen beiden Vätern. Uniform links, Jeans rechts. Dem einen sah ich ähnlich, dem anderen war ich ähnlich. Einer hatte mich gezeugt, einer hatte mich geformt. Der glattrasierte Krieger und der langhaarige Verweigerer. Die ganze Bandbreite der DDR in diesen beiden Männern. Meinen Vätern. Und ich grün in der Mitte. Es war mein Karma.

Als wir dran waren, erhob ich mich und tat das, was ich immer tat: Ich ging los und stand es durch. In meinem bedeutungsvollen Westkleid stieg ich auf die Bühne, schwor mit gekreuzten Fingern auf den Staat und wurde erwachsen.

PRAGER FRÜHLING

Meine Eltern standen nicht auf Partys im Kreise der angetrunkenen Familie. Deshalb fragten sie mich, ob ich zur Jugendweihe eine Feier wollte oder lieber etwas anderes. Ich wollte lieber etwas anderes. Ich wollte mit meinen Eltern nach Prag fahren.

Ich war gerne in Prag. Es gab Straßentheater, Marionetten, die astronomische Uhr und das Glockenspiel im Rathausturm, Jahrmärkte am Moldauufer, Maler, die mit Staffeleien die Karlsbrücke belagerten, den wunderschönen Hradschin, eine verborgene deutsche Buchhandlung in einem Hinterhof am Wenzelsplatz und kleine Lakritzschnecken. Jetzt kann man sie in jedem Supermarkt kaufen, aber in der DDR gab es sie nicht. Ich hätte mich einwickeln können in diese Lakritze. Eine nach der anderen entrollte ich die Schnecken und zutschte sie dann auf wie Spaghetti. Anlässlich der Jugendweihe war mir unlimitierter Konsum von Lakritzschnecken in Aussicht gestellt worden. Das überbot für mich locker jede Party.

Aber am meisten an Prag liebte ich Milena und Josef. Niemand hat mich als Kind mehr beeindruckt als diese beiden Menschen, die fast meine Großeltern hätten sein können. Sie waren alte Freunde meiner Mutter, die '68 aus Prag hatten fliehen müssen und einige Zeit in den Ferienhäusern von DDR-Dissidenten versteckt wurden. Später waren sie nach Prag zurückgekehrt, wo sie lange Zeit nicht in ihren Berufen arbeiten durften. Er war Rundfunkregisseur und sie Professorin für Hindi und Bengali.

Ein befreundeter Schriftsteller fragte meine Mutter, als wir noch auf Rügen lebten, ob sie nicht zwei tschechische Freunde im Urlaub bei sich aufnehmen könnte. Sie hätten so Sehnsucht nach dem Meer. Das verstand meine Mutter natürlich, und so kamen Milena und Josef in unser Leben.

Es war Liebe auf den ersten Blick.

Josef hatte einen gepflegten weißen Bart, trug Leinensachen und sah ganz aus, wie man sich einen Josef vorstellt.

Der Ort, in dem wir wohnten, war ein äußerst bizarres NVA-Ghetto. Für die Offiziersfamilien des nahe gelegenen Marine-Stützpunktes hatte man eigens ein Neubauviertel errichtet, direkt an der wunderschönen Steilküste Wittows. Ein Miniatur-Marzahn am Meeresstrand. Von unserem Balkon im vierten Stock konnte man das Wasser sehen und nachts die Wellen rauschen hören. Josef amüsierte die seltsame Kombination aus Plattenbau und Ostseeromantik. Er machte auf den Betonwegen zwischen den Häuserblocks Handstand und rief dann laut mit seinem wunderbaren böhmischen Akzent: »Christiane, du bist einzige Sonne an ganze Himmel hier.« Dann lachte er und winkte mit den Füßen.

Doch meine Bewunderung galt von ganzem Herzen

Milena. Immer wenn sie uns besuchte, brachte sie mir die ganze weite Welt mit in die DDR. Sie machte schon in den frühen Siebzigern Yoga und konnte ihren Bauch irrwitzig tanzen lassen. Sie erzählte mir Märchen aus Indien und las aus meiner Hand. Weil es anderswo Sitte war, gestattete sie mir ausdrücklich, zu rülpsen und zu pupsen.

Außerdem sah Milena phänomenal aus. Sie war sehr dünn und hatte langes kohlrabenschwarzes Haar, das sie zu einer kleinen Zwiebel auf dem Kopf zusammendrehte. Dazu trug sie schmale Baumwollhosen und weiche bunte Blusen. Manchmal ging sie tagelang barfuß. Sie war das ultimative Kontrastprogramm zu allem, was ich kannte. Ich war jedes Mal hin und weg. In Dranske sammelte sie überall Steine, Muscheln und vor allem Guano. Vogeldung für die Pflanzen im Prager Gemüsegarten. Das war wichtig, denn Milena lebte vegan, was in der Tschechoslowakischen Sowjetrepublik auch nicht gerade einfacher war als in der DDR. Sorgsam tütete sie die trockenen Exkremente der Seevögel ein und verstaute sie im Auto.

Josef verdrehte die Augen, aber Milena kletterte ungerührt auf jeden Kirchturm und jeden Felsvorsprung und kratzte ab, was sie kriegen konnte. Am Ende des Urlaubs war der ganze alte verrostete Skoda vollbeladen mit Möwenkacke …

Allen im Ort war klar, zu wem diese seltsamen Leute gehörten, denn meine Mutter fiel sowieso aus dem Rahmen. Sie hatte keine Gardinen, keinen Kinderwagen und keine Lockenwickler. An das Fenster meines Zimmers malte sie einen riesigen bunten Hampelmann, damit ich es in dem grauen Neubaueinerlei erkennen konnte. Sie trug Jeansanzüge, Westparka und fuhr mich in einem kleinen hölzernen Handwagen durch die Gegend. In Dranske blieb sie bis zum Schluss fremd, da half auch die See nicht.

Doch mit den beiden wunderbar chaotischen, warmherzigen Tschechen war meine Mutter dort glücklich. Milena und Josef waren von ihrer Art. Wenn Josef bei Spaziergängen die strafenden Blicke der ondulierten Offiziersfrauen auffing, nahm er meine junge Mutter mitfühlend in den Arm und sagte: »Oh, du tapferes Soldat in Alltagskrrrieg.« Dann hob er beide Arme über den Kopf, ballte kampflustig die Fäuste und rief aufmunternd: »Juchhei!«

Als Josef viele Jahre später starb, schrieb Milena meiner Mutter: »Eigentlich warst du in all den Jahren unsere einzige wirklich gemeinsame Freundin.«

Es gab also mit Milena, Josef und den versprochenen Lakritzschnecken genug Grund, mal wieder eine Reise nach Prag zu unternehmen.

Wir brachen am Morgen nach meiner Jugendweihe auf. Gepäck und Geschenke wurden im kleinen Kofferraum unseres Trabis verstaut. Meine Eltern stiegen vorne ein, und ich machte es mir zwischen Jacken und Klappstullen auf der Rückbank gemütlich.

Wir fuhren zuerst in Richtung Schönefeld und dann auf die Autobahn nach Dresden. Es war das letzte

Stück der Originalstrecke von Hitler. Die Fahrbahn bestand im Wesentlichen aus unebenen Betontafeln, an denen die Unwetter der letzten 50 Jahre nicht unbemerkt vorbeigegangen waren. Es holperte und ruckelte, aber wir schossen tapfer mit 90 Stundenkilometern in unserem Trabant darüber hinweg.

Weil meine Mutter seit Jahren unter einer schrecklichen Migräne litt, sobald wir ins Gebirge kamen, und mein Vater das wusste, fiel es mir nicht besonders auf, dass meine Eltern ein bisschen angestrengt wirkten.

Ich freute mich auf die Reise. Mit einem dicken Buch wartete ich die Zeit bis Prag ab.

Wir nahmen den Weg über Zinnwald. Es war gegen Mittag, und die Beamten standen gelangweilt in der Frühlingssonne. Der Grenzübergang war fast leer. Nur ein paar LKWs parkten am Rand. Meine Mutter kramte unsere Personalausweise raus, und mein Vater drosselte das Tempo. Sie warfen sich besorgte Blicke zu. Wir fuhren an den Schlagbaum heran. Die Grenzer beugten sich vor und schauten ins Auto. Und dann geschah etwas wirklich sehr Merkwürdiges: Sie winkten uns durch.

Wir waren alle drei fassungslos.

Man muss das verstehen, im geeinten Europa oder unter Nato-Nachbarn macht man so was – aber in der DDR wurde man an keiner Grenze durchgewunken. Auch nicht an dieser. Durchwinken gab es einfach nicht in einem Land, das seine Bürger hinter Stacheldraht gefangen hielt.

Als wir außer Sichtweite waren, fuhr mein Vater sofort rechts ran. Wir stiegen aus und meine Eltern atmeten tief durch. Erleichtert.

Ich wusste, dass erst wenige Monate zuvor enge Freunde mit ihren Kindern an ebendieser Grenze zurückgewiesen worden waren – obwohl die ČSSR das einzige Land war, mit dem visafreier Reiseverkehr bestand. Das hatte keine Rolle gespielt. Man ließ sie einfach nicht raus. Ohne Begründung.

Was ich nicht wusste, war, dass meine Mutter gerade einen neuerlichen Anwerbeversuch der Stasi hinter sich hatte, der damit endete, dass sie den üblichen Herren Müller und Meier wütend hinterherrief: »Und wenn sie uns an der Grenze auch nicht rüberlassen, geht ein Donnerwetter los.«

Das war natürlich eine hanebüchene Drohung. Und sie hat die Männer ganz bestimmt kein bisschen beeindruckt.

Aber dass die Stasi von unserer geplanten Reise schon im Vorfeld Kenntnis hatte, beunruhigte meine Mutter und meinen Vater doch sehr. Mir hatten sie nichts davon gesagt.

Bis heute ist schleierhaft, ob das Gespräch im Nebenraum der Arbeitsstelle meiner Mutter mit dieser denkwürdigen Freifahrt über die Grenze zu tun hat. Wir wissen es nicht.

Vielleicht war alles ein großer seltsamer Zufall. Vielleicht konnten auch DDR-Grenzer, wenn der Vorgesetzte kurz auf dem Klo war, mal einen monsungelben Trabi, bepackt bis zum Anschlag, mit drei eingequetschten Ossis darin, durchwinken. Wer weiß.

Das Rätsel hat sich nicht gelöst, aber am Ende ging alles gut und wir hatten eine schöne Reise, mit allem, was ich mir zur Jugendweihe nur wünschen konnte: Milena, Josef und Tüten voller Lakritzschnecken.

DIE DIREKTORIN

Ich kam an einem stürmischen Herbstmorgen zur
Welt. Und obwohl es kein Sonntag war, hatte ich mein
Leben lang sehr viel Glück. Solange ich denken kann,
hat jemand seine schützende Hand über mich gehalten. Mir ist nie etwas Ernsthaftes zugestoßen. Knapp
vorbei ist auch daneben. Am Ende hat sich immer alles gefügt.

Die wahrscheinlich glücklichste Fügung meines Lebens bestand in der Gleichzeitigkeit meines Schul-
abschlusses und dem Ende der DDR. Das vereinte
Deutschland war die größte Chance, die sich mir nach
dem Abitur überhaupt bieten konnte. Die Welt öffnete
sich mit all ihren Möglichkeiten in dem Moment, als
ich amtlich erwachsen wurde. Was für ein Timing.
Hollywoodreif.

Dass ich so ganz ohne Umwege ins Leben starten
konnte, verdanke ich letztlich einer Frau. Sie war zwei
entscheidende Jahre lang die Direktorin meiner Schule und hat sich in vielerlei Hinsicht schützend vor
mich gestellt. Ohne sie hätte ich in der DDR vermutlich nicht Abitur machen dürfen.

Sie hieß Christiane, genau wie meine Mutter, und
hatte schütteres blondes Haar. Meistens trug sie graue
Kostüme mit knielangen engen Röcken. Sie standen
ihr sehr gut und betonten ihre schönen Beine. Sie ge-

hörte zu den wenigen Lehrern, denen ich in meinen zwölf Schuljahren begegnete, die wirklich Pädagogen aus Leidenschaft waren. Sie war die beste Lehrerin, die ich jemals hatte.

Sie kann damals noch nicht sehr alt gewesen sein, vielleicht war sie Anfang vierzig, vielleicht auch jünger. Sie unterrichtete bei uns Geschichte, und als ich in die achte Klasse kam, übernahm sie die Direktion der Schule. Damit verbesserte sich meine Situation entscheidend.

Wie alle DDR-Kinder ging auch ich auf die POS, die zehnklassige Allgemeinbildende Polytechnische Oberschule. Langer Name, kurze Wirkung. Ich persönlich habe daran keine gute Erinnerung. Je älter ich wurde, desto mehr verlor ich das Interesse an der Schule. Ich fand sie uninspiriert und öde.

Dabei war ich ein ausgesprochen wissbegieriges Kind. Als ich einen Winter bei meiner Großmutter an der Ostsee einschneite, nahm ich den Unterrichtsstoff einfach alleine durch. In der Schule war ich meistens sehr schnell mit den Aufgaben fertig. Den Rest der Stunde saß ich rum und beschäftigte mich auf meine Art. »Claudia hält versetzungsgefährdete Schüler vom Unterrichtsgeschehen ab«, stand zweimal pro Woche in meinem Hausaufgabenheft. Meine Mutter sah mich fragend an, und ich zuckte mit den Schultern. Ich bekam jahrelang in Betragen eine Drei, und das auch nur, wenn ich eine disziplinierte Woche hatte.

Heerscharen von Lehrern sind an mir gescheitert.

Meistens versuchten sie es durch Isolation: Sie setzten mich allein auf die hinterste Bank, sie setzten mich allein auf die vorderste Bank. Es half nicht. Ich quatschte, ich raschelte, ich störte. Natürlich – ich langweilte mich. Es war ein Problem. Wir waren alle unzufrieden und ich hatte Schuld.

Die Einzige, die diesen Kreislauf durchschaute, war meine neue Direktorin. Sie kannte mich aus dem Geschichtsunterricht und war schnell dazu übergegangen, bei mir andere Maßstäbe anzusetzen. Wenn ich wieder eine Klassenarbeit aus dem Ärmel schüttelte, pflegte sie zu sagen: »Weißt du, für die anderen ist das vielleicht eine Eins, aber du kannst viel mehr. Glaub nicht, weil dir das alles hier so leicht fällt, müsstest du dich nicht anstrengen.« Dann gab sie mir, ohne mit der Wimper zu zucken, eine Zwei oder Drei. Ich war empört. Aber ich mochte sie sehr und ich wusste, dass sie völlig Recht hatte. Dran gehalten habe ich mich nicht. Als Direktorin der Schule setzte sie durch, dass ich während des Unterrichts lesen durfte. Eigentlich war es nur die Alternative zu »anspruchsvolle Zusatzaufgaben lösen«. Aber da kein Lehrer Lust auf Extra-Arbeit hatte, überließen sie mich meiner privaten Lektüre. Drei Jahre meines Lebens saß ich mit Bulgakow und Christa Wolf auf der letzten Bank und schlug die Zeit tot.

Aber es wirkte: Meine Verhaltensnoten besserten sich. Das war nicht ganz unwichtig, denn allmählich näherte ich mich dem Abitur.

Ich hatte ausgezeichnete Zensuren und, seit ich im Unterricht lesen durfte, auch einen guten Leumund. Ich war innerlich nicht darauf vorbereitet, dass sie mir ernsthaft in der DDR das Abitur verweigern würden. Weil ich aber wusste, sie konnten, versuchte ich so wenig Angriffsfläche wie möglich zu bieten. War ich zu den Pionieren noch freiwillig gegangen, wurde ich FDJ-Mitglied nur wegen des Platzes an der EOS, der Erweiterten Oberschule. Ich trat in die Deutsch-Sowjetische Freundschaft ein, und bevor die heiße Bewerbungsphase begann, gab ich mir einen Ruck und übernahm den Posten der FDJ-Sekretärin meiner Klasse. Wenn schon ans System verkauft, dann richtig. Das machte jetzt auch keinen Unterschied mehr.

Von diesem Konflikt wusste meine Direktorin nichts. Wenigstens glaube ich das. Sie bezog mich mit absoluter Selbstverständlichkeit in alles ein und ignorierte meine angestammte Rolle in der Grauzone. Zum ersten Mal im Leben fühlte ich mich von jemandem, der den Staat vertrat, ernst genommen und beschützt. Ihre Anerkennung und Zuversicht versöhnten mich mit vielem. Selbst meine Mutter, die immer in Sorge war, dass ihre Freundschaften mir zum Verhängnis werden könnten, beruhigte sich. Meine Direktorin gab uns das Gefühl, dass alles gut war und dass sie sich im Zweifelsfall persönlich für mich einsetzen würde. Sie hielt Wort.

Einige Monate nachdem meine Bewerbung zum Abitur abgeschickt war, wurde sie versetzt. Per Parteiauftrag musste sie in die Schulinspektion des Stadtbezirks wechseln. Meiner Mutter gestand sie, dass sie viel lieber im richtigen Lehrdienst geblieben wäre. Aber wie sich zeigte, war sie jetzt genau an der richtigen Stelle.

In den Sommerferien bat sie meine Eltern und mich zu einer Unterredung in ihr neues Büro. Sie setzte sich zu uns und sagte: »Es gibt ein kleines Problem – aber ich habe schon eine Lösung.« Wir sahen sie beunruhigt an. Sie lächelte. Dann erklärte sie uns, dass die Studienwünsche, die ich in meiner Bewerbung angegeben hatte, Schwierigkeiten machen würden. Weil sie volkswirtschaftlich irrelevant seien.

Das war an sich richtig. Natürlich stärkten weder Journalismus noch Romanistik die marode DDR entscheidend. Doch der Studienwunsch war ein gern benutzter Vorwand bei der Entscheidung über die Vergabe der Abiturplätze. Mit schulischer Leistung hatte das nur teilweise zu tun. Es war vor allem eine politische Entscheidung.

Wir waren trotzdem überrascht. Meine Direktorin hatte neben mir gestanden, als ich die Bögen für die EOS ausfüllte. Welche Komplikationen es jetzt damit gab und seit wann, sagte sie nicht. Sie ließ uns keine Zeit, Angst zu bekommen. »Also, wir ersetzen einfach Romanistik durch Ökonomie, und wenn jemand fragen sollte, woher der Sinneswandel kommt, sagen wir, du würdest Wirtschaftsjournalistin werden wollen ...« Es war ein cleverer Plan. Wir wären auf diese Idee nie gekommen – aber sie kannte das System und wusste, wie man es austrickst.

Als im Herbst die Bestätigung meines Abiturplatzes kam, tanzte ich jubelnd durch die Wohnung und küsste erleichtert den Briefumschlag. Ich konnte aufatmen, wenigstens dieser Stein lag nicht mehr in meinem Weg.

DIE FEINSCHMECKER
VOM PRENZLAUER BERG

Meine erste Kiwi aß ich 1981. Meine Mutter rief mich ins Haus und stopfte mir ein grünes Stück Obst in den Mund. Ich war so erschrocken, dass ich es sofort auf den Fußboden spuckte. »KI-WI«, sagte meine Mutter. »Das ist KI-WI. Hat Brigittes Schwester aus'm Westen mitgebracht. Versuch's doch nochmal.« Ich ließ mich wieder füttern. Kiwi war gar nicht schlecht. Ein bisschen wie Stachelbeere ... oder Gurke ... Ja, Kiwi schmeckte wie grüne Gurke mit Stachelbeeraroma.

Im Osten gab es keine exotischen Früchte – abgesehen von seltenen Bananen und den Apfelsinen um die Weihnachtszeit. Es gab auch vieles andere nicht. Keine Oliven, keinen Lachs, keinen richtigen Käse. Keine Körner im Joghurt und keine Erdbeeren im Januar. Aber vor allem gab es in der DDR keinen Hummer.

Mich störte das nicht und auch meinem Vater hat er nicht gefehlt. Aber meine Mutter war wild darauf. Sie hatte ihr halbes Leben an der See verbracht und wusste sogar, wie Quallen schmecken. Natürlich wollte sie Hummer kosten.

Deshalb hatten wir Verständnis, dass sie sich diesen Wunsch erfüllte, als plötzlich Gelegenheit dazu war. Ein befreundeter Dichter durfte beruflich einen Nachmittag nach Westberlin zu einer Lesung. Unerwartet rief er am frühen Abend an und fragte, was er mitbringen solle. Er stünde gerade im KaDeWe.

Meine Mutter dachte, wenn schon, denn schon, und sagte: »Hummer. Was denn sonst?!« Recht hat sie, dachte Uwe und legte für sechs Hummerschwänze die Hälfte seines kostbaren Westhonorars auf den Tisch. Der Rest ging für Whisky und Zigarillos drauf. Auf die richtige Weise getauscht, hätte er von diesem Geld auch ein Jahr seine Miete bezahlen können. Nobel geht die Welt zu Grunde.

Zwei Stunden später stand er mit stolzgeschwellter Brust in der Tür. Seine Frau, die kurz vor ihm angekommen war, hatte sofort gestreikt, als sie hörte, *was* er mitbringen würde. Sie aß schon keinen Fisch. Der Gedanke an Gliederfüßer bereitete ihr Übelkeit. Es hätte genauso gut geschmorte Katze geben können. Meine Mutter war froh, dass sie noch einen Kasslerbroiler für Margret im Kühlschrank gefunden hatte.

Uwe brachte seine Tüten in die Küche und packte aus. Wir standen alle fasziniert um den Tisch und starrten auf die riesigen abgetrennten Hinterleiber der Hummer. Keiner von uns hatte jemals etwas so Bizarres gesehen. Wir waren sehr aufgeregt.

»Ich hab extra gefragt, wie man sie macht«, erklärte Uwe. »Die Verkäuferin hat gesagt: mit etwas Knoblauch in der Pfanne dünsten. Ganz einfach. Wenn sie rosa werden, sind sie fertig.«

Wir legten die Hummer mit Panzer in eine große Pfanne und warteten. Leuchtend rot war die Schale, das sah also schon mal ganz gut aus. Leider war sonst nichts zu erkennen. Meine Mutter schubste die Schwänze ein paar Mal mit einer Gabel von links nach rechts. Sie sah uns ratlos an. Mit dem Zubereiten von Krebstieren oder Meeresfrüchten hatte im Osten keiner Erfahrung. Es gab nicht mal Miesmuscheln. Immerhin konnte man die wenigstens in Prag essen. Ich habe zwar nie verstanden warum, aber in der Straße unserer tschechischen Freunde Milena und Josef war ein Fischrestaurant, und dort gab es gebackene Muscheln. Welche geheimnisvollen Wege sie auch immer an den Wenzelsplatz geführt hatten, wenn wir da waren, gingen wir immer in das kleine Lokal und aßen welche. Mit dem Hummer half uns das jetzt aber auch nicht weiter.

Nach zwanzig Minuten befanden wir, dass die Hummer langsam durch sein sollten. Jeder nahm sich vorsichtig einen und sah ehrfurchtsvoll auf seinen Teller. Und dann kam das dicke Ende: Das Hummerfleisch, das man nur noch mit Hammer und Meißel aus der Schale befreien konnte, war hart wie ein PVC-Schlauch und roch auch so. Es war ungenießbar. Wir versuchten trotzdem, davon zu essen. Margret knabberte an ihrer Broilerkeule und schaute uns spöttisch zu.

Irgendetwas hatten wir falsch gemacht. Vielleicht hätten sie doch vorher gekocht werden müssen? Meine Mutter, fest entschlossen, den heiß ersehnten Hummer nicht zu verlieren, sammelte alle Schwänze nochmal ein und warf sie in heißes Wasser. Es half nicht.

Sie briet sie nochmal in der Pfanne, aber auch davon wurde es nicht besser. Nach mehreren gescheiterten Versuchen, den Hummer herunterzuwürgen, gaben wir schweren Herzens auf. Alles flog in den Abfall. Die ganze Westkohle war dahin, und unsere einzige Chance, jemals Hummer zu essen, endete zwischen Eierschalen und Ascheresten im Müll.

Margret goss sich einen Whisky ein und grinste. Sie wollte gerade anfangen, Witze über uns zu reißen, als sich unvermutet der Broiler nochmal meldete. Sie rannte aufs Klo. Unser Hummer war vielleicht falsch zubereitet worden, aber wenigstens war er frisch gewesen. Die Schadenfreude war auf unserer Seite. Es herrschte wieder Gleichstand.

Meine Mutter nahm die leeren Hummerhüllen und legte sie in den Abwasch. Sie war nicht zu überzeugen, auch nur ein Stück wegzuwerfen. Wenn wir schon nichts davon essen konnten, dann sollte man wenigstens sehen, dass wir sie gehabt hatten.

Drei Tage lang stanken die Schalen wie die Pest. Meine Mutter kochte sie in Fitwasser ab. Sie spülte sie, bürstete sie und redete mit ihnen. Ohne Erfolg. Sie war schrecklich enttäuscht. Erst als zu befürchten stand, die Nachbarn könnten sich wegen des üblen Geruchs beschweren, gab sie endlich nach. Traurig stand sie am Mülleimer und schmiss die Überreste unserer verunglückten Hummer hinein. Da lagen sie, die wertvollen Tiere. Meine Mutter schloss den Deckel und seufzte. Sie waren völlig umsonst gestorben.

DIE STRICKJACKE

Angeblich hat ein pointenbewusster ostdeutscher Bürgerrechtler dem französischen Staatspräsidenten François Mitterrand im Dezember 1989 vorgeschlagen, die DDR doch einfach mit Frankreich zu vereinigen. Ich weiß nicht, ob das stimmt. Aber ich weiß, ich wäre sofort dabei gewesen. Ich wollte schon als kleines Mädchen nur eins: Französin werden. Meine Mutter vertröstete mich jahrelang. Zu meiner Jugendweihe würden wir nach Paris fahren. Sie wusste schon, dass es nicht stimmte, ich aber hatte keinen Grund, an ihren Worten zu zweifeln. Als die Realität anfing, in mein Leben einzubrechen, war es zu spät. Frankreich hatte bereits einen festen Platz in meinem Herzen.

Natürlich wollte ich unbedingt Französisch lernen. Doch der Fremdsprachenunterricht war in der DDR so eine Sache für sich. Russisch lernen war Pflicht, und durch den Zwang verlor die schöne Sprache Tschechows für die meisten ihren Reiz. Ab der siebten Klasse konnte dann, wer wollte, noch Englisch oder Französisch dazunehmen. Dieser Unterricht war nicht in den allgemeinen Lehrplan integriert, und die Stunden fanden vor oder nach der regulären Schule statt. Damit signalisierte das Bildungssystem eindeutig, wofür es internationale Verständigung hielt: sinn-

losen Luxus. Fremdsprachen waren kein förderungs-
würdiges Kulturgut in der DDR.

Die allermeisten Schulen boten nur Englisch an. Das
hatte sogar Sinn. Denn es gab schon keinen prakti-
schen Anlass, als Ost-Kind Englisch zu lernen, Französisch war die reine Zeitverschwendung. Pure Lieb-
haberei. Wie bei mir. Als echter Fan war mir keine
Mühe zu groß. Weil auch meine Schule keinen Fran-
zösisch-Unterricht anbot, ging ich mit 14 an die
Abendschule. Ein Versuch meiner Eltern und der Direktorin, eine vorzeitige Genehmigung für mich zu er-
wirken, schlug fehl. Keine Ausnahmen. Ich musste
warten, bis ich alt genug war.

Zwei meiner besten Freunde hatten mehr Glück. An
ihrer Schule gab es eine Französisch-Lehrerin. Sie
kam frisch von der Uni und war nur wenig älter als die
Jungs. Als feststand, dass sie in den Ferien eine Gruppe Jugendlicher aus Frankreich betreuen würde, fragte sie ihre Schüler nach dem Unterricht, ob sie Lust
hätten, mal *richtig* Französisch zu lernen. Sie erzählte
ihnen, wann sich die Franzosen wo in der DDR auf-
halten würden, und lud sie ein, dazuzukommen. Ihre
Idee war so einleuchtend wie unerlaubt. Bruno und
Mesch campierten in der Nähe, mischten sich so oft
wie möglich unter die Gruppe und machten Bildungs-
urlaub der besonderen Art. Nach den Ferien sprachen
beide nicht nur bedeutend besser Französisch – sie
waren auch auf einem anderen Stern gewesen.

Im nächsten Jahr nahmen sie mich mit. Überschwänglich wurden wir von ihren Freunden aus dem letzten Sommer begrüßt. Die Jungs stellten mich vor, und ich lächelte unsicher. Ich sagte kein Wort. Es war doch ein bisschen unheimlich – immerhin sprachen hier alle wirklich Französisch. Bruno und Mesch sahen mich amüsiert an und zwinkerten aufmunternd. Jetzt komm, du bist doch sonst nicht so schüchtern.

Ich kann mich bis heute an diesen ersten Abend erinnern. Es war sehr lustig. Wir saßen zu zwölft auf drei Doppelstockbetten, reichten Wodka durch und lachten und lachten. Die Mutschnäpse lösten meine Zunge. Nach dem dritten sagte ich schon pieps und nach dem fünften redete ich drauflos. Das Eis war gebrochen.

Die jungen Franzosen nahmen uns mit offenen Armen in ihre Gruppe auf. Auch wir waren für sie Exoten – das Interesse war gegenseitig. Wir verbrachten fast die ganze Zeit zusammen. Wir feierten, machten Ausflüge und lungerten herum. Bruno, Mesch und ich taten meistens, als gehörten wir dazu. Es hatte etwas sehr Befreiendes vorzugeben, jemand anderes zu sein.

Solange wir nicht auffielen, war unsere Anwesenheit den ostdeutschen Gruppenleitern einigermaßen egal. Sie wussten nur zu gut, wie wir uns fühlten. In ihrem Schutz machten wir zwei Wochen Urlaub undercover im eigenen Land.

Für mich war es viel mehr als Ferien. Es war die Erfüllung meines alten Traumes: Zusammen mit den Franzosen konnte ich endlich Französin sein. Es war ein bisschen wie eine Reise nach Frankreich.

Und was ist das Land der Liebe ohne die Liebe.

Er hieß Paul, hatte ganz verschlafene Augen und war irgendwie sehr französisch. Am Anfang bemerkte ich ihn gar nicht, aber eines Tages stand er im Speiseraum vor mir und fragte mich, ob ich Keith Jarrett kennen würde. Ich sah ihn groß an. Er zog mich in eine versteckte Ecke des riesigen Saals, wo ein verstaubtes Klavier stand. Er öffnete es, zog mir einen Stuhl ran und spielte einfach so das Köln-Konzert. Es war der älteste Trick der Welt – und er hat so was von funktioniert. Ich war hin und weg.

Die verbleibende Zeit verbrachten Paul und ich knutschend und Händchen haltend im siebten Himmel. Wir schauten uns stundenlang in die Augen, und wenn er für mich Klavier spielte, schmiegte ich mich eng an seine Seite. Ich kann mich nicht erinnern, dass wir uns jemals richtig unterhalten haben. Wir waren viel zu beschäftigt.

Und dann kam der Tag des Abschieds. Gemeinsam mit den anderen standen wir auf dem Bahnsteig. Paul und ich lagen uns in den Armen und weinten beide herzzerreißend. Die anderen knufften uns neckisch, aber eigentlich war ihnen auch nicht wohler zumute. Es war ein sehr trauriger Moment. Nachdem sich alle verabschiedet hatten, verstauten die Franzosen ihre Taschen in den Abteilen und öffneten die Fenster zum Winken. Paul stieg nochmal aus. Er nahm seine Strickjacke, hängte sie mir um und küsste mich ein letztes Mal. Dann stieg er in den Zug. Sie fuhren los und waren weg. Ich blieb zurück, ohne meinen Pianisten – die DDR hatte mich wieder.

In dieser Nacht schliefen wir alle bei Mesch, dessen Eltern nicht da waren. Ich lag mit offenen Augen in meinem blauen geblümten Schlafsack, hatte die Strickjacke im Arm und starrte schweigend an die Decke. Ich war wie gelähmt. Ich wusste, ich würde ihn nie wiedersehen. Es war das erste Mal, dass ich mich nicht nur theoretisch eingesperrt fühlte.

Immerhin war mir die Strickjacke geblieben. Sie hatte ein klassisches Muster aus Grau, Türkis und Blau und war sehr schön. Ich glaube, sie stand mir gar nicht, aber das spielte keine Rolle. Diese Jacke war kein Kleidungsstück – sie war eine Reliquie aus dem Heiligen Land. Ich zog sie nicht mehr aus. Den ganzen heißen staubigen Berliner August lief ich von morgens bis abends in einer Jacke aus Wolle rum. Meine Mutter versuchte erfolglos, mich zu überreden, sie wenigstens einmal waschen zu dürfen. Aber ich blieb stur. Solange sie noch ein bisschen nach Paul roch, ließ ich keinen an sie heran.

Ein paar Wochen später kam ein Brief von ihm. Darin war eine Kassette mit einer für mich komponierten Musik, den Noten dazu und einem langen Brief. Ich war sehr glücklich und ich konnte endlich ein bisschen loslassen. Meine Jacke durfte in die Wäsche.

Nachdem ich langsam auf den Boden der Tatsachen zurückkehrt war, bat mich meine Freundin Sylvie darum, ihr meine Strickjacke für einen Abend zu leihen.

Natürlich kannte sie ihre Geschichte. Alle meine Freundinnen kannten sie. Und alle bekamen feuchte Augen, wenn ich von uns Königskindern erzählte. Es war ja so romantisch …

Ich gab meiner Freundin die Jacke. Ich hatte keinen Zweifel, dass sie sie hüten würde wie einen Schatz.

Am Abend in der Disco ging Sylvie irgendwann auf die Toilette und frisierte sich kurz vor dem Spiegel. Hinter ihr blieb ein blondes Mädchen plötzlich wie angewurzelt stehen und starrte sie an. Meine Freundin drehte sich irritiert um und fragte: »Entschuldige, kennen wir uns?«

»Nein«, sagte die andere zögerlich: »aber … ich kenne diese Jacke.«

»Das glaube ich kaum!«, erwiderte Sylvie, fast ein bisschen beleidigt.

»Doch«, beharrte die Blonde: »Ganz bestimmt.«

Sylvie sah ungläubig an sich herunter. »Bist du sicher? Das kann eigentlich nicht sein. Die ist einmalig in der DDR. Sie kommt aus Frankreich.«

»Doch«, sagte das andere Mädchen. »Ich hab eine Bekannte, die genau dieselbe Strickjacke hat wie du. Und die ist auch aus Frankreich.«

Sylvie sah sie an und lächelte erleichtert. Sie hatte den Irrtum entdeckt. »Heißt deine Bekannte zufällig Claudia?« Sie hieß.

Die Ehre meiner Strickjacke war wiederhergestellt. Es gab sie nicht zweimal.

MAUER MIT BANANE

Am Morgen des 9. November 1989 wurden meiner Mutter in einer komplizierten Operation die zertrennten Sehnen der rechten Hand genäht. Damit zusammenwächst, was zusammengehört. Als sie aus der Narkose erwachte, waren alle Fernsehprogramme unterbrochen und an den geöffneten Grenzübergängen floss der Sekt bereits in Strömen.

Mein Vater verpasste das alles, weil er auf einem Jazz-Konzert war. Als er gegen drei Uhr nach Hause kam, legte er sich sofort ins Bett. Ich weckte ihn um sechs per Telefon mit den Worten: »Papa, mach dir keine Sorgen, ich bin im Westen.«

Ich hatte den Abend auf der Abschiedsparty von Freunden verbracht, die den Nachtzug nach Prag nehmen wollten. Ihre Sachen waren gepackt, die Möbel verkauft und der Rest verschenkt. Go West.

Wir waren nochmal kurz am Ostbahnhof vorbeigefahren, um das letzte Geld in Kronen umzutauschen. Ich wartete so lange im Auto und hörte RIAS. »Die Mauer ist offen. Der Ost-Berliner Parteichef Günther Schabowski hat am Abend bekannt gegeben ...« Ich reagierte nicht. Aus dem Radio überschlugen sich die begeisterten Stimmen der Berliner und das Hupen der Trabis. Der Moderator weinte vor Rührung. Bei mir regte sich nichts. Ich hatte ein Blackout. Bis heute

74

weiß ich nicht, was los war. Ich hatte die Information verstanden, aber sie löste nichts aus. Auch als meine Freunde zurückkamen und sofort auf die Neuigkeit reagierten, passierte bei mir nichts. The person you have called is temporarily not available.

Wir fuhren zurück auf die Party. Die anderen tanzten ausgelassen nach Marius Müller-Westernhagen. Sie hatten noch keine Ahnung. Erst als jetzt die Aufregung um sich griff, dämmerte es mir allmählich. Meine Synapsen begannen wieder zu arbeiten. Die Mauer war offen ...

Das war das Ende. Montagsdemos, Neues Forum, Friedenswachen, alles umsonst. Kein reformierter Sozialismus. Die Mauer war gefallen und der Weg zu Aldi offen. Das war viel zu früh, das bedeutete Wiedervereinigung. Und die passte nicht in meinen Plan. Ich glaubte tapfer an eine eigenständige DDR. Der Gedanke an *ein* Deutschland war mir fremd. Ich hatte zu Hause gelernt, dass die DDR, trotz Stalinismus und Volksverdummung, von den Grundlagen her der bessere deutsche Staat sei. Es wäre unsere Aufgabe, ihn zu reformieren und auf den richtigen Weg zu bringen. Darum blieben wir hier, das war der Grund, warum wir nicht in den Westen gingen.

Ich habe jeden meiner Staatsbürgerkundelehrer für blöd erklärt, aber tief im Herzen war ich vermutlich genauso überzeugt wie sie. Offenbar hatte ich meine Wahrnehmung des Öfteren nicht ganz unter Kontrolle.

Die neue Reisemöglichkeit nach Westberlin war mir egal. Die Mauer hatte für mich vor allem symbolische Bedeutung. Was sie am wenigsten beschnitt, war meine Bewegungsfreiheit innerhalb Berlins. Ich kannte da sowieso niemanden. Ich kannte überhaupt keinen einzigen Westdeutschen. Nur ausgereiste Ossis. Und die waren alle weit weg. Lediglich Pierre, ein französischer Freund, wohnte seit zwei Jahren in Kreuzberg. Wir hatten ihn Mitte der Achtziger zufällig kennen gelernt und seitdem Kontakt gehalten. Als Alliierter konnte er problemlos pendeln. Er war sehr oft im Osten. Die ganze Stadt war für ihn eine riesige aufregende Spielwiese. Egal welcher Teil. Familienfeste verbrachte er immer bei uns. Außerdem hatte er mit wahrscheinlich allen Frauen und Männern unter 50 in Ostberlin geschlafen und gab die Geschichten bei uns gerne zum Besten. Für mich war er eine Art großer Bruder. Er passte prima in die Familie.

Auf der Party war die Stimmung umgeschlagen. Alle wollten raus. Völlig planlos brachen wir zum nächstbesten Grenzübergang auf. Als wir die Bornholmer Straße erreichten, sprang die Euphorie der Stunde endlich auch auf mich über. Hier war es unmöglich, sich der Freude und Verwirrung zu entziehen. In allen Köpfen hämmerte es. Haben sie wirklich die Mauer aufgemacht? Ich spürte plötzlich, inmitten der vielen aufgelösten Menschen, dass ich diesen Moment niemals wieder vergessen würde, dass sich mein Leben gerade in einer Weise änderte, die ich noch nicht übersah.

Je näher wir dem eigentlichen Übergang kamen, desto größer wurde das Gedränge. Es ging kaum noch vorwärts. Kein Wunder, es kannte ja keiner den Weg.

Als wir endlich an den Grenzanlagen waren, bemerkte ich, dass ich meine Freunde verloren hatte. Ich stand ganz allein im Dunkel der Menschenmassen.

Und dann passierte ein Wunder. Etwas anderes kann es nicht gewesen sein. Ich hörte, wie jemand meinen Namen rief. Eine vertraute Stimme. Ich wandte meinen Kopf und sah auf die andere Seite des Zaunes. Da stand er, der einzige Mensch, den ich in Westberlin kannte: Pierre. Er streckte mir seine Hände durch das Gitter entgegen und strahlte mich an. Komm, rief er, komm schnell hier rüber. Wild entschlossen kletterte ich über den Zaun. Wir fielen uns glücklich in die Arme. Pierre stopfte mich sofort ins nächste Taxi und fuhr mit mir nach Kreuzberg.

Alles, was ich von Westberlin kannte, waren die U-Bahnhöfe. Jedenfalls einige. Weil das Musical »Linie 1« einen gewissen sozialkritischen Touch hatte, war es auch in den DDR-Kinos gelaufen. Man wusste ja nie, jede Feindkritik konnte nützlich sein. Ich hatte den Film bestimmt fünfmal gesehen. Jetzt war es Nacht und im Schummerlicht erkannte ich die Namen wieder: Möckernbrücke, Hallesches Tor, Prinzenstraße, Gleisdreieck. Es gab sie wirklich.

Irgendwo hielt das Taxi, und wir stiegen aus. Pierre bestand darauf, mit mir einen Döner zu essen und dann einen Spaziergang durch SO 36 zu machen. Ich war sehr verschüchtert. Das Stürmen der Mauer war das eine – der Oranienplatz etwas ganz anderes. Ich glaube, ich stand unter Schock. Es war alles so unwirklich. Ich kann mich nur noch erinnern, dass wir ständig versuchten, meinen Vater telefonisch zu erreichen und es mir jedes Mal verschwenderisch vorkam, das kostbare Westgeld einfach so in einen Münzautomaten zu schmeißen.

Langsam wurde ich müde. Wir gingen in Pierres Lieblingskneipe. Er zeigte auf die Bar und sagte: Such dir aus, was du trinken willst.

Ich fixierte die bunten Flaschen. Das war nicht zu fassen. Hier gab es alles. Sogar die Sachen aus dem Westfernsehen. Ein Universum an Möglichkeiten tat sich auf. Ich konnte alles haben. Ich musste es nur sagen. Es war wie Weihnachten.

Hier an diesem Tresen offenbarte sich, dass auch ich ein ganz normales DDR-Kind war. Nicht die Stasi allein, auch die Mangelwirtschaft hatte meine Kindheit geprägt. In dieser Hinsicht war ich nicht besser und nicht schlechter als die anderen dran. Auch ich war es gewohnt, dass es die meisten Dinge nur selten, vieles nur zu bestimmten Zeiten und manches eben gar nicht gab. Auch ich hatte ein Defizit aufzuholen. – Und ich tat es. In aller Unschuld bestellte ich einen Bananensaft.

Nie wieder hat er mir so gut geschmeckt wie in dieser Nacht in Kreuzberg. Es gibt einen alten DDR-Witz, bei dem die Antwort auf die Frage, warum ist die Banane krumm, lautet: weil sie einen Bogen um die DDR macht. Daran musste ich in diesem Moment denken. Ich hatte die Banane ausgetrickst.

Am nächsten Morgen fuhr ich vom Kottbusser Tor zur Schule. Ich sah zum ersten Mal den Bahnhof Friedrichstraße von der anderen Seite und war erschüttert. Als ich erkannte, dass sich hinter dem kleinen S-Bahnsteig mit der schmalen Eingangshalle in Wirklichkeit ein dreistöckiger Bahnhof verbarg, in dem unterirdisch U-Bahnen und S-Bahnen fuhren, riesige Zollanlagen standen und ein halbes Kaufhaus untergebracht war, verstand ich erst, was die Mauer Berlin angetan hatte.

Mit einer Mischung aus Stolz, Angst und Häme zeigte ich dem Grenzer meinen DDR-Ausweis und kehrte dahin zurück, wo ich hingehörte. In den bananenfreien Osten.

DER STEMPEL

Im Februar 1990 begannen die Winterferien, und mit ihnen kam endlich, wonach ich mich so lange gesehnt hatte: mein erstes Mal. Ich konnte es kaum erwarten. Ich würde nach Frankreich fahren.

Meine französische Freundin Nathalie, die einige Jahre älter war und schon studierte, bestand darauf, mich mit dem Auto in Berlin abzuholen.

Sie kam mit einem kleinen weißen Renault, der uralt war und den sie Charlotte nannte. In diesem Auto tuckerten wir los in das Land meiner Träume.

Weil Charlotte nicht mehr so schnell war und wir Mitte Februar hatten, brach bereits die Dunkelheit an, als wir die Grenze passierten. Niemand war zu sehen. Der Übergang lag menschenleer in der Dämmerung. Kein Soldat, keine Sperre, nicht mal eine einfache geschlossene Schranke. Keiner, auch nicht der Zoll, interessierte sich dafür, ob wir nach Frankreich fuhren oder nicht. Diese Grenze hatte keine Bedeutung.

Ich war fasziniert und getroffen zugleich. Wie soll man das auch verstehen nach Sippenhaft in dritter Generation. Der große Schicksalsmoment meiner Ausreise ging, von der Welt unbemerkt, vorüber.

Was nicht so dramatisch gewesen wäre, wenn ich nicht dadurch auf das heiligste Souvenir meiner Reise hätte verzichten müssen – den französischen Einreisestempel. Ich hatte mir kurz zuvor einen DDR-Pass ausstellen lassen und in der erforderlichen Frist bei der französischen Botschaft in Ostberlin ein Visum beantragt. Es klebte auf der letzten Seite. »19 Tage« stand darauf. Zärtlich strich ich mit dem Zeigefinger darüber und sah ständig nach, ob es noch da war. Ich hätte es ablecken können vor Freude.

Und dann so was – kein Stempel. Als wäre ich nicht da gewesen, in dieser Nacht, an dieser Grenze. Als hätte ich Frankreich nie betreten. Als hätte ich die DDR nicht verlassen.

Natalie sah zu mir rüber und lächelte. Wir fuhren weiter. Wie gebannt starrte ich nach draußen. Die Orte wirkten seltsam ausgestorben. Alle Fensterläden waren geschlossen, und nur Laternen warfen ein schwaches Licht in die Nacht.

In die französische Nacht. Es war eine stille, intime Begegnung.

Am nächsten Morgen klingelte das Telefon und Nathalie sagte: Es ist für dich. Das ZDF.

Das ZDF suchte für eine Sendung junge Gesprächspartner aus dem Osten, und über fünfzig Ecken waren sie an mich geraten. Zwei Redakteure hatten uns extra in Berlin besucht. Nach dem Vorgespräch wurden wir schnell handelseinig: Sie bekamen ihren Ossi, ich bekam 500 DM.

Als sich später herausstellte, dass der ZDF-Termin mitten in den Ferien und meiner Reise nach Frankreich lag, sagte ich sofort wieder ab. Ich brauchte mich nicht zu entscheiden. Etwas verblüfft fragte mich die freundliche ZDF-Frau am Telefon, warum ich meine Fahrt denn nicht einfach verschieben könnte. »Nein«, antwortete ich sehr ernst, »ich habe darauf mein ganzes Leben gewartet. Ich kann es jetzt nicht mehr aufschieben. Tut mir Leid.«

Offenbar waren die Mitarbeiter der Sendung in der verbliebenen Zeit aber nicht mehr fündig geworden und versuchten es nochmal bei uns. Meine Mutter gab ihnen Nathalies Telefonnummer.

So kam es, dass mich beim ersten französischen Frühstück meines Lebens das bundesdeutsche Fernsehen anrief und anbot, mich für einen Abend nach Mainz einfliegen zu lassen. Kostenlos natürlich. Wow, dachte ich, wie einfach alles ist im Westen.

Ich freute mich schon ein bisschen auf den Flug, als es mir plötzlich eiskalt den Rücken runterlief. Das ging gar nicht. Ich war ja DDR-Bürgerin. Ich hatte kein Dauervisum für Frankreich, sondern ein befristetes mit einmaliger Ein- und Ausreise. Anders als an Straßengrenzen wurde im Flughafen sehr wohl kontrolliert – und gestempelt. Was, wenn man mich mit einem Ausreisevermerk vom Nachmittag am Abend nicht wieder zurück nach Frankreich ließ ... Ich zögerte. Ich wollte nichts riskieren. Ich hatte in diesen Dingen keine Gelassenheit. Die anderen schon. Sie lösten das Problem sofort: Okay, dann holen wir dich eben mit einem Auto ab.

Ich habe mich für Autos damals nicht interessiert. Ich

konnte gerade mal einen Lada von einem Wartburg unterscheiden. Bei Dacia und Запорожец hörte es schon auf. Wir selbst fuhren den alten Trabi meiner Großeltern. Autos waren mir völlig egal.

Aber dieses hier beeindruckte mich doch schwer. Es war eine riesengroße Luxuslimousine von Mercedes-Benz. Jedenfalls in meiner Erinnerung. Der Chauffeur nahm mir mein Gepäck ab, und ich setzte mich nach vorne. Instinktiv zog ich die Beine an.

Auf der Autobahn streckte ich vorsichtig eine Fußspitze vor. Da war noch Platz. Ich tastete weiter. Da war viel Platz. Als meine Beine ganz ausgestreckt waren, sah ich hinunter und stellte begeistert fest, dass das Ende noch lange nicht erreicht war.

Ich machte es mir gemütlich und schaute aus der breiten Frontscheibe auf die Landschaft. Bäume und Städte rasten an meinem Kopf vorbei. Ich sah auf den Tacho und riss den Mund weit auf. Der Wagen fuhr tatsächlich über 200 km/h – und nichts klapperte. Unser Trabi kippte schon bei 90 aus den Latschen und keuchte dabei wie ein Traktor. Spektakulärer hätte das Fliegen auch nicht sein können.

An der Grenze lief alles wie geplant. Ein freundliches Nicken, und ich war wieder unerkannt in Deutschland. Als wäre nichts geschehen.

Für den Rückweg hatte ich mich entschieden, den Zug zu nehmen, um noch ein bisschen von Frankreich zu sehen. Ich wurde eine Nacht im Hotel untergebracht und nahm am nächsten Morgen den ersten

Zug nach Paris. Eigentlich war ich ganz froh über den Gang der Dinge, weil so der Einreisestempel wieder in den Bereich des Möglichen rückte.

Das ZDF spendierte mir eine Fahrkarte für die 1. Klasse. Ich war noch nie 1. Klasse gefahren.

Das Abteil war auffallend sauber, und außer einer sehr dünnen, goldbehangenen Frau in einem olivgrünen Kaschmirmantel saßen nur geschäftig zeitunglesende Männer darin. Sie erinnerten mich sofort an die grauen Herren aus Momo.

Ich stand mit meinem abgeranzten ungarischen Rucksack in der geborgten Jeansjacke von Nathalie im Gang und spürte: das hier war nicht mein Platz. Es passte nicht. Ich nahm meine Sachen und setzte mich ins Raucherabteil der 2. Klasse.

Als wir an die deutsch-französische Grenze kamen, hielt der Zug. Ein uniformierter Beamter stieg zu und schlenderte gleichgültig durchs Abteil. Er wollte gerade an mir vorbei gehen, als ich in letzter Sekunde meinen DDR-Pass hochriss. Er zuckte zusammen und blieb verwundert stehen. Mit zwei Fingern nahm er das schmale blaue Heft mit dem seltsamen Wappen. Er blätterte ein bisschen darin, sah mich prüfend an, und dann gab er ihn mir mit dem bewussten Nicken zurück. Doch ich war entschlossen. Nochmal ließ ich mich nicht prellen. Bevor er sich abwenden konnte, sprach ich ihn betont schüchtern an: »Monsieur? Dürfte ich vielleicht einen Stempel in meinen Pass bekommen? Es ist meine allererste Reise nach Frankreich, wissen Sie.« Dazu sah ich ihn mit meinen traurigsten Augen von schräg unten an. Das arme Ostkind.

Es klappte. Er lächelte gerührt, nahm seine Tasche, und dann bekam ich endlich, was ich von Anfang an so gerne wollte: einen echten französischen Einreisestempel. Datiert auf den 1. März 1990, mitten in meinen DDR-Pass.

Ich hatte den Beweis. Meine Reise war wirklich wahr.

EIN ZIMMER VOLLER RAIDER

Als der Parteisekretär von Finsterwalde 1987 zum Geburtstag seiner Großtante nach Castrop-Rauxel fahren darf, erwarten ihn seine Kollegen schon ungeduldig. »Und? Hast du dir das Begrüßungsgeld abgeholt?« »Klar«, sagt der Parteisekretär. »Aber das war vielleicht ein Mist. Ich hab die 100 DM nicht ausgeben können. Ich bin durch die ganze Stadt gelaufen, aber ich habe keinen Intershop gefunden.« Haha.

Der Intershop war das Mekka meiner Kindheit. Das gelobte Land der Süßigkeiten. Der Garten Eden des Überflusses. Fernab jeder Realität. Wir hatten leider keine Verwandten oder sonst jemanden, der uns Westgeld schicken konnte. So blieb der Intershop immer unerreichbar.

Das hat tiefe Spuren in mir hinterlassen. Bis heute suche ich den ganz besonderen Geruch des Intershops. Ich habe ihn nicht wiedergefunden, obwohl ich alles probiert habe. Klosteine, Putzmittel, Raumdüfte. Am Ende bin ich darauf gekommen, dass es wahrscheinlich an der Wäsche liegt. Seitdem benutzte ich, gegen den erbitterten Widerstand meiner Westfreunde, Weichspüler. Es ist mir egal. Ich trenne meinen Müll und zahle Ökosteuer. Ich benutze Jute-Taschen, kaufe nur Pfandflaschen, und ich wasche nicht unter fließendem Wasser ab. Aber ich will, dass meine Wohnung nach Intershop riecht. So viel Freiheit muss sein. Das bin ich meinem Trauma schuldig.

Zweimal im Jahr schaffte es meine Mutter irgendwie, eine D-Mark oder einen Forumscheck zu organisieren und für mich im Intershop ein Raider zu kaufen. Raider. Ich liebte nichts so sehr wie diese Keksriegel mit Karamell. Es zog und zerrte, klebte zwischen den Zähnen und bröckelte auf die Erde. Einfach unwiderstehlich. Vor Gier stopfte ich immer beide Riegel sofort hintereinander in den Mund. Mein Herz schlug ganz schnell. Als würde sie mir jemand wieder entreißen, wenn ich nicht alles auf der Stelle verschlang. Die Enttäuschung war jedes Mal die gleiche: Es gab nie einen zweiten. Ich hätte so gerne mehr davon gegessen. Wenigstens einmal. Wochenlang hob ich das goldene Papier auf. Ich presste es zwischen Buchseiten und nahm es ab und zu in die Hand. Es knisterte verheißungsvoll und roch genauso, wie es schmeckte. Nach Westen.

In meiner kindlichen Phantasie stellte ich mir die gigantischste Menge Raider vor, die ich fassen konnte. Es war lange Jahre mein tiefster Wunsch: ein Zimmer voller Raider. Mein Schlaraffenland.

Natürlich hatte die fixe Zimmer-Idee mit der Unerreichbarkeit von Raider zu tun. Hätte ich meine Mutter nur in der Kaufhalle nerven müssen, wäre es nicht so reizvoll gewesen. Ich aß beinah genauso gerne Hallorenkugeln, aber mir wäre nie eingefallen, mir einen Handwagen voll davon zu wünschen. Nein, Raider und meine Kindheit, das war wie Robbie Williams und ich, eine unerfüllte Liebe. Die reine Sehnsucht.

In den DDR-Intershops gab es all das, was es im Konsum nicht gab. Seifen, die wie eine Blumenwiese rochen, Schallplatten von Duran-Duran und jede Menge Schokoriegel. Während Novum und die Puhdys immer schon existierten, versuchten sich die Genossen im Nachahmen von Nestlé-Produkten erst in den späten achtziger Jahren. Bounty hieß Bon, Snickers Joker und Milky Way war Fetzer. *Fetzer*. Für wen hielten die uns? Diesen Namen muss sich irgendein Provinz-Funktionär im Vollrausch ausgedacht haben. Ganz fetzig.

Manche Ostsüßigkeiten gibt es jetzt wieder. Ich finde das meiste schlicht eklig. Ich habe sie damals verweigert, und ich esse sie auch heute nicht. Es ist nichts Prinzipielles, aber ich boykottiere Angriffe auf meine Geschmacksnerven. Das meiste schmeckt wie früher: fade und irgendwie staubig. Danke auch. Nudossi zum Beispiel. Das ist nichts als Nutella-Ersatz für Ostler. Sentimentalität inklusive. War ja nicht alles schlecht.

Ich jedenfalls habe keinen Grund, mich an meine entbehrungsreiche Kindheit zu erinnern. Es war schon hart genug, ohne Goldbären und Duplo-Sammelbilder groß zu werden. Es war, wie jeden Tag nicht neben Robbie Williams aufzuwachen.

Als ich älter wurde, vergaß ich das Zimmer voller Raider. Ich hatte sehr viel im Kopf, das mir weitaus wichtiger war. Erst als ich Mitte November 1989, mein Begrüßungsgeld in der Hand, vor einem Kreuzberger Zeitungskiosk stand, überkam es mich wieder. Kurz entschlossen kaufte ich für 10 DM Raider, ging nach Hause und aß hastig einen Riegel nach dem anderen auf. Ganz alleine.

Es war mir peinlich. So peinlich, dass ich die leeren Papiere nicht in den Mülleimer warf. Ich wollte nicht, dass meine Eltern mich auslachen. Also versteckte ich sie vorübergehend unter meinen Sofakissen – wo sie mein damaliger Freund natürlich sofort fand. Er schaute mich groß an, grinste und fragte, ob es mir jetzt besser ginge. Ich wurde ein bisschen rot, und dann erzählte ich ihm von meiner Raider-Zimmer-Macke und wie sie mich heute eingeholt hatte. Er lachte.

Ein paar Wochen später waren Winterferien und mein allergrößter Wunsch erfüllte sich: Ich fuhr nach Paris. Mein Freund kam nicht mit, aber er wusste gut, was mir diese Reise bedeutete. Ich rief ihn aus einem Bistro an und fühlte, dass sich etwas verändert hatte. Wahrscheinlich lag hierin der Grund für unsere spätere Trennung. Ich glaube, er spürte das auch. Und vermutlich, um mich zu erinnern, machte er mir zum Abschied eines der schönsten Geschenke meines Lebens. Es war ein kleiner bemalter Karton mit hineingeschnittenen Türen und Fenstern. Er war randvoll gefüllt mit Raider.

DIE NEUE WOHNUNG

In den Tagen nach dem Fall der Mauer kam es in Ostberlin zu einer Massenflucht von Schülern – während der Unterrichtszeit. Alle schwänzten, wo es nur ging. Es gab so viel neue Dinge zu sehen. Es gab so viele Verwandte zu besuchen. Alles war interessanter als Schule. Mit den absurdesten Ausreden blieben wir dem Unterricht fern. Zum Halbjahr gaben die Lehrer auf. Sie verbuchten die Bummelstunden und Fehltage als Anschauungsunterricht in Geographie. Schwamm drüber.

In der wirren Zeit nach dem 9. November war das ganze Land im Ausnahmezustand. Die Anspannung der letzten Wochen, die Angst vor möglicher Gewalt, die Freude über den Triumph – all das entlud sich in den kurzen Monaten zwischen Mauerfall und letzter Volkskammerwahl. Als alles noch offen war. Die Herrschaft der Greise und Spitzel war gebrochen. Wie lang ihr Schatten sein würde, ahnte niemand. Es war eine optimistische frohe Zeit. Überall herrschte große verbindende Solidarität. Jeder nutzte die Situation auf seine Weise. Die neue Selbstbestimmung wirkte wie ein Freischein für alles.

Meine Form der Emanzipation bestand darin, kaum noch in die Schule zu gehen. Ich hatte nicht einfach nur nach den wilden Novembertagen den Absprung ins normale Leben verpasst. Es gab Gründe, die viel tiefer lagen.

Schon im September hatte ich zum ersten Mal beschlossen, die Schule zu boykottieren. Ich sah keinen Sinn mehr darin. Ich wollte lieber nach Leipzig, zur Montagsdemo. Wen interessiert schon das Abi, wenn die Revolution losgeht. Nur mit vereinten Kräften konnten Mama und Katja mich davon überzeugen, den Blödsinn zu lassen. Niemand würde davon profitieren, wenn ich jetzt die Schule schmisse.

Doch meine Unruhe blieb und wuchs sich langsam in Beklemmung aus. Ich erlebte die Schule nur noch als Zumutung. Im Oktober fingen auch in Berlin die Demonstrationen an. Panzer und Wasserwerfer versperrten mir häufig den Schulweg. Meine Lehrer gingen darüber hinweg, als hätte ich verschlafen. Die meisten meiner Mitschüler machten so ahnungslose Gesichter, dass mir davon schlecht wurde. Ich war enttäuscht. Ich konnte sie nicht mehr sehen, ich wollte diese ganze Schule nicht mehr sehen. Das allgemeine Schwänzen kam mir grade recht.

Anfänglich blieb ich einfach wahllos weg, aber bald entwickelte ich ein ausgeklügeltes System, um meine Zeit nicht mehr in langweiligen Wiederholungsstunden zu vergeuden. Ich fand, dass ich allein am besten einschätzen konnte, welchen Unterricht ich noch brauchte und welchen nicht. Es war eine alte Rechnung.

Für mich kam alles zusammen. Schulmüdigkeit, Ohnmacht, Desinteresse, Freiheitsdrang, Erwachsenwerden, Besserwissen – ich war zu einer mündigen Bürgerin geworden und ich ließ mir von niemandem mehr etwas vorschreiben.

Außer von meiner Mutter vielleicht. Meine Ausbruchsversuche vom September waren ihr noch gut in Erinnerung. Sie wäre explodiert, hätte sie gewusst, dass ich ausgerechnet jetzt meinen Abschluss riskierte. Also schwänzte ich sorgfältig um meine Eltern herum. Ich stand morgens pünktlich auf, fuhr in Richtung Schule und setzte mich ins nächste Café. Dort wartete ich die Zeit bis zur ersten interessanten Unterrichtsstunde ab. Oder ich ging nach der zweiten Stunde wieder. Manchmal fuhr ich gleich zurück nach Hause. Meine Eltern merkten nichts.

Sie hatten andere Sorgen. Sie versuchten seit Monaten meine Oma von Stralsund nach Berlin zu holen. Das war sehr kompliziert, denn auch umziehen durfte man in der DDR nur mit staatlicher Genehmigung. Diese kam von der allmächtigen KWV, der Kommunalen Wohnungsverwaltung. Mit denen war nicht zu spaßen. Nur Autos und Ausreisegenehmigungen waren im Osten noch schwerer zu bekommen als eine Wohnung.

Vor diesem Hintergrund war es spektakulär, dass der Ostberliner Magistrat im Herbst 1989 den Beschluss erlassen hatte, jeden nachweislich leer stehenden Wohnraum dem Finder zu vermieten. Es war der verzweifelte Versuch, nach dem Exodus die Dinge unter

Kontrolle zu bekommen. Ganze Straßenzüge standen in Ostberlin leer. Keiner wusste mehr, ob die Nachbarn nur in den Urlaub gefahren oder abgehauen waren.

Auf die Gunst der Stunde hoffend, nahm sich meine Mutter ein Herz und erklärte den Damen von der KWV nochmal das Problem mit der Oma. Die Damen tranken ihren Kaffee, legten das Kreuzworträtsel beiseite und sagten: »Na, schaun wir mal.«

Sie blätterten in ihren Unterlagen. Es gab da eine gute Wohnung. Legale Ausreise im Oktober. Stand immer noch leer. Doppelfenster, Dusche, Innenklo, Gasheizung, 2 Zimmer. Luxus für Ostverhältnisse. Aber leider im 4. Stock. Nichts für eine Oma. Aber hier, ein paar Häuser weiter, war auch noch was. Der Vormieter war gerade ins Altersheim gegangen. Die passt.

Die andere passt auch, dachte meine Mutter – für Claudia. Die wird sich freuen.

»Eine Wohnung?!?« Ich sah sie entgeistert an. Ich freute mich kein bisschen. Ich wusste nicht mal, was sie von mir wollte. Was soll ich denn bitte mit einer Wohnung?

Mir kam das völlig absurd vor. Es ging mir gut zu Hause. Mein Zimmer lag gleich an der Eingangstür, etwas separat von den anderen. Ich war völlig unabhängig. Meine Eltern stellten keine übertriebenen Forderungen, und ich hielt mich dafür an die Absprachen. Alles klappte prima. Ich verstand sie nicht. Es gab keinen Grund auszuziehen.

Am Abend gingen wir zu der bewussten Adresse und brachen die Tür auf. Die Wohnung war wirklich gut. Meine Mutter und mein Vater waren begeistert. Sie holten die Nachbarn als Zeugen, bauten ein neues Schloss ein und klebten einen Zettel mit meinem Namen an die Tür. Ein paar Wochen später unterschrieb ich den Mietvertrag. Wir strichen die Wände und legten Auslegware auf den Fußboden. Ich räumte Regale und eine Matratze hinein, stellte Pflanzen ans Fenster und begann Miete zu zahlen. Aber ich zog nicht ein.

Als fast zwei Monate vergangen waren, sprachen meine Eltern mich vorsichtig darauf an. Ich brach in Tränen aus. Ich gestand ihnen, dass ich gar nicht ausziehen wollte. Dass ich mich rausgeschmissen fühlte und nicht verstünde, warum sie mich plötzlich loswerden wollten.

Sie waren erschüttert. Mama nahm mich in den Arm und Papa erklärte mir tröstend, wie gerne er selbst mit 18 bei seinen Eltern ausgezogen wäre, um endlich vom Sofamief befreit zu sein und auf eigenen Füßen zu stehen. Und wie stolz er und meine Mutter waren, wenigstens mir das ermöglichen zu können. Sie würden mich doch nicht vor die Tür setzen. Natürlich dürfte ich bleiben, solange ich wollte. Ich schniefte erleichtert. Es war nur ein Missverständnis, ein Generationskonflikt der andren Art.

Einige Tage später kam Besuch. Meine Mutter bat mich, diese Nacht ausnahmsweise in meiner eigenen Wohnung zu schlafen. Dann hätte sie zu Hause mehr

Platz für unsere Gäste. Das leuchtete mir ein. Bevor ich am Abend losstiefelte, packte ich meine Schulsachen für den nächsten Tag zusammen und steckte meinen Wecker ein. Er riss mich am Morgen um 6.30 Uhr aus dem Schlaf. Ich öffnete die Augen und sah mich um. Ärger stieg in mir hoch. Ich wollte heute eigentlich nur die beiden letzten Schulstunden besuchen. Mir wurde schlagartig klar, dass ich von hier aus jetzt nicht nur einen längeren Schulweg hatte, sondern dass ich erst vier Stockwerke runter, zur Schule, ins Café, zurück und wieder vier Stockwerke rauf musste. Und dann wieder vier Stockwerke runter und wieder den umständlichen Weg zur Schule. Ich war genervt und wollte mich gerade aus dem Bett quälen, als mir in letzter Sekunde etwas auffiel ... Niemand kontrollierte, ob ich liegen blieb oder nicht. Es war nur meine Entscheidung. Jetzt erst verstand auch ich den Vorteil einer eigenen Wohnung. Ich drehte mich um und schlief entschlossen weiter.

Noch am selben Tag holte ich meine Sachen und zog aus. Wir räumten mein altes Zimmer leer, und mein Vater half mir, alles in die neue Wohnung zu bringen. Meine Kleider, mein Bett, meine Bücher, meinen alten Schreibtisch und ein bisschen Küchenkram. Von da an lief alles glatt. Die neue Wohnung bot mir eine Freiheit, von der meine Eltern nichts ahnten.

Jahre später, als ich längst studierte, erzählte meine Mutter in einer Runde, wie sie meine Wohnung gefunden hatte und dass ich erst gar nicht einziehen wollte.

Aber am Ende hätte ich doch noch festgestellt, wie schön eine eigene Bleibe sei. »Nicht wie schön, Mama – wie praktisch«, korrigierte ich sie und enthüllte dann zur allgemeinen Erheiterung die wahren Hintergründe meines überstürzten Auszugs.

Meine Mutter lachte kein bisschen. Sie sah mich an, als würde sie mir am liebsten nachträglich Hausarrest verordnen. Aber es war zu spät. Ich wohnte nicht mehr bei ihr.

DIE REDE

Mitte Juni 1990 fing mein Direktor mich im Schulflur ab und fragte, ob ich die Abschlussrede der Abiturienten halten wolle. Es lag auf der Hand. Ich war nach Abwicklung der FDJ-Leitung zur Schulsprecherin gewählt worden. Ich schüttelte den Kopf. »Nein, ganz bestimmt nicht. Danke für das Angebot.« »Schade«, sagte er und ging.

Ich hatte keinen Grund, die Rede zu halten. Meine Aufgaben an dieser Schule waren erfüllt. Und ich war heilfroh darüber. Es gab nur einen Menschen, der noch erleichterter war, dass ich *das* endlich hinter mir hatte: meine Mutter. Es war vorbei. Sie hatten keine Macht mehr über mich.

Als meine Klassenlehrerin genau neun Monate zuvor die erste Elternversammlung des 12. Schuljahrs abhielt und eine Liste durchreichte, auf der die Eltern einsehen sollten, ob ihre erwachsenen Kinder in der Schulpause Milch oder Kakao trinken, wusste meine Mutter, dass sich nichts geändert hatte. Es war der heiße Herbst 1989. Die Menschen verließen zu Tausenden das Land. Das Neue Forum war gegründet und verboten worden, in Leipzig formierten sich die Montagsdemonstrationen. Die NVA stand unter erhöhter Alarmbereitschaft.

Milch oder Kakao – meiner Mutter blieb das Lachen

im Hals stecken. Diese Ignoranz verhieß nichts Gutes. Ihr war sofort klar, dass wir immer noch ausgeliefert waren. Von diesen Leuten hing es ab, ob ich einen Abschluss bekam oder nicht. Sie entschieden über mein Leben. Was sich hier hinter der Milchpause versteckte, hatte eine gefährliche Tradition.

Erst der Fall der Mauer trug später den Wind des Neuen endlich auch an unsere Schule. Ich hatte Petitionen geschrieben, Unterschriften gesammelt und ganze Nachmittage an Runden Tischen verbracht. Ich hatte mich sehr engagiert. Für die Demonstration vom 4. November, für den schulfreien Samstag und eine Raucherinsel im Hof. Ich war hier fertig. Die Abschlussrede interessierte mich nicht. Ich wollte nur noch mein Zeugnis und dann die DDR hinter mir lassen.

Unser Direktor wurde langsam nervös. Das Ende des Schuljahrs rückte näher, und er hatte noch immer keinen Redner. Er kam mit einem neuen Angebot zu mir. Mein Freund Robert wäre bereit, wenn ich die Rede mit ihm zusammen schriebe. Aber nur dann. Ob ich mir das nicht wenigstens überlegen könne. »Gut«, sagte ich. »Ich werde mit ihm sprechen.«

Robert ging in eine der Parallelklassen. Wir waren so eng befreundet, dass die meisten uns für ein Paar hielten. Vor allem die Lehrer. Was uns verband, waren ganz andere Dinge. Jeder von uns hatte auf seine Weise die DDR in ihrer Bedrohlichkeit kennen gelernt. Beide träumten wir schon lange davon, den grauen

Ost-Zirkus so schnell wie möglich in Richtung Frankreich zu verlassen. Er und ich kannten die Grenzen dieses Systems nur zu gut. Wir waren alles andere als unbedarfte, geschweige denn dankbare DDR-Kinder. Mir war nicht klar, warum Robert glaubte, dass ausgerechnet wir die Dankesrede der Abiturienten halten sollten. Aber ich wollte es gerne wissen.

»Was glaubst du, wie denen die Muffe geht«, sagte er und sah mich mit leuchtenden Augen an, »einen FDJ-Sekretär können sie da nicht mehr hinstellen, und bei uns wissen sie auch nicht, was kommt. Lass es uns als Chance sehen. Wir beide können die allerletzte DDR-Rede an dieser Schule halten. Das ist doch grandios.«

Er hatte Recht. In diesem Schuljahr war alles aus den Fugen geraten. Nicht nur für uns. Auch für die Lehrer. So hatte ich es noch gar nicht betrachtet.

Aus der obligatorischen Abschlussrede wurde unvermutet ein heikles Unterfangen. Wir hatten nicht nur die Schulleitung in der Hand. Wir konnten sie alle bloßstellen. Die Mitschüler, die beim Schwimmen im Strom andere denunziert hatten, den Parteisekretär, der jedes Jahr mit variierenden Methoden versuchte, Schüler dazu zu bringen, ihre Freunde zu bespitzeln, die Staatsbürgerkundelehrer, deren Launen einen Hochschulreife oder Studienplatz kosten konnten, Mitmacher, Stillhalter und Hohlköpfe. Wir konnten uns endlich rächen für Lügen, Angst und Verrat. Für die alltägliche Korruption. Für jahrelanges Abrichten, Rechenschaftsberichte, für Fahnenappelle,

Winkelemente und Kampflieder. Für FDJ-Studien-
jahr und Bildungsbeschneidung. Wir konnten mit ihnen abrechnen.

Wir konnten es auch lassen.

Gerade weil Robert und ich als Erste Grund zum
Draufhauen gehabt hätten, entschieden wir uns für etwas, was die DDR uns selbst nie gewährt hatte: Loyalität. Wir mussten keine Eulen nach Athen tragen. Das
hatten wir gar nicht nötig. Das Leben war auf unserer
Seite.

Wir beschlossen, nicht die Lehrer zu nennen, die über
Demonstrationen, Panzer und Verhaftungen einfach
hinweggegangen waren, sondern die wenigen, die es
nicht getan hatten. Die den Mut gefunden hatten, in
einer Zeit, in der von Wiedervereinigung noch keine
Rede war, mit uns über die Krise im Land zu sprechen
oder zumindest nicht so zu tun, als gäbe es sie nicht.
Die am Morgen nach dem Mauerfall nicht weiter-
machten, als sei nichts geschehen. Es waren nur ein
paar, aber es gab sie. So wie es uns gab.

Drei Monate bevor sich alles für immer auflöste, nahmen wir doch noch die Identität an, die wir so sehr
von uns gewiesen hatten. *Wir* waren auch DDR. Nicht
nur Spitzel und Karrieristen, auch unsere Familien
und Freunde lebten hier. Nicht nur diejenigen, die
uns in ihr Schema pressen wollten, waren ein Teil dieses Landes, sondern auch die, die aus uns wache Köpfe gemacht hatten. Kurz vor Toresschluss wurden Robert und ich Staatsbürger der DDR.

Hätten wir diese Rede im Dezember halten müssen, wäre sie anders ausgefallen. Wütender. Aber jetzt versuchten wir, sie ohne Häme zu schreiben. In aller Offenheit. Über die Dinge, die wir mitnehmen würden in das neue Leben im Westen. Über die Dinge, die es nicht mehr geben würde und über die wir am Ende auch lachen konnten. Nur unser Jahrgang hat das DDR-Bildungsprogramm noch komplett durchlaufen.

Wir waren die letzten echten Ossis. Und die ersten neuen Wessis.

Je länger wir schrieben, desto klarer wurde uns, dass die Rede in jeder Hinsicht ein Abschluss war. Der Schlussakkord unserer Kindheit, der Abgesang auf unsere Herkunft.

Wir erinnerten uns an die Geschichtsstunde im muffigen Traditionskabinett der Schule, an die Appelle auf dem Hof, an vergessene FDJ-Hemden und die gefürchtete Einstellungsfrage. Wir erinnerten uns an Morgenlied und vormilitärische Ausbildung. An die mehrwöchige praktische Arbeit im VEB Messelektronik, die uns einen durchaus tiefen Einblick in die sozialistische Produktionsweise gab. Und wir erinnerten uns daran, dass wir Spalier standen im Oktober '89. Für Gorbatschow – aber auch für Ceauşescu.

Die Kunstpause zwischen den beiden Namen war wichtig. Der ganze Satz war wichtig. Er beschrieb unsere Generation. Robert und ich probten ihn immer und immer wieder. Wir hatten beschlossen, dass ich sprechen würde. Und weil es ein großer Auftritt werden sollte, überließen wir nichts dem Zufall. Haltung, Kleidung und Frisur, alles wurde genauestens geplant. Wir saßen auf dem Fußboden meiner Wohnung, rauchten Cabinet, und Robert hörte sich an, in welchen Stimmlagen ich sprechen konnte. Am Ende hatten wir die perfekte Show.

Am Tage der feierlichen Zeugnisübergabe versammelten sich Schüler, Lehrer und Eltern in der Aula. In meinem geblümten Sommerkleid und mit einem Strohhut auf dem Kopf wartete ich am Bühnenrand. Mein Vater küsste mich auf die Stirn und sagte beruhigend: »Du machst dit schon, Kleene.« Meine Mutter war nicht gekommen. Sie wollte sich nicht mehr einreihen müssen. Die Vorstellung, zwischen meinen Lehrern zu jubeln, war ihr zuwider. Es gab keinen Grund, sich zu ihnen zu setzen und ihnen die Hand zu schütteln. Ihre Macht war gebrochen. Doch meine Mutter hatte es nicht vergessen. Sie wollte sie nicht nochmal sehen. Es war ihre Form der Befreiung, sich dem zu entziehen. Ich verstand es.

Als ich vor das Mikrophon trat, nahm ich den Hut ab und lächelte, wie Robert es mit mir geübt hatte. Ich hatte keine Angst. Unsere Rede war gut. Ich sah in den Raum und begann mit ruhiger Stimme zu lesen: »Liebe Mitschüler, liebe Lehrer, werte Gäste! Ziel dieser Schule ist es, jeden Schüler zur Hochschulreife und die Besten zu Kandidatenreife zu führen …«

Ich schaute in die Gesichter. Die Andeutung hatte gereicht. Nervosität breitete sich im Saal aus. In diesem Moment wusste ich, dass wir die richtige Entscheidung getroffen hatten. Wir waren nicht wie sie. Ich lächelte wieder und dann las ich weiter.

Als ich fertig war, brach lauter Applaus los. Robert zwinkerte mir erleichtert zu. Ich nahm meine Zettel und verließ erhobenen Hauptes die Bühne.

FKK AM MITTELMEER

Ehrlich gesagt mag ich das Mittelmeer nicht besonders. Es hat mir meistens Scherereien gebracht. Ich wurde beinahe verhaftet, mehrfach bestohlen und muss im heißen Sand Badelatschen tragen. Badelatschen! Seit ich mit meiner Großmutter in der Schwimmhalle geduscht habe, hat mich niemand mehr gezwungen, Schuhe aus Plaste anzuziehen. Die Strände sind meistens überfüllt und das Wasser ist lauwarm. So erfrischend wie ein Wollschal.

Aber das alles ist nicht der wahre Grund. Das Mittelmeer ist mir zu artig. Mein Herz hängt einfach an den kalten Meeren des Nordens: Ostsee, Nordsee, Atlantik. Sturmfluten mit Meerjungfrauen und Hühnergöttern. Wild und verwegen. Ihre Wasser sind von geheimnisvollem Dunkelgrün. Kein langweiliges Konfirmationsblau.

Doch im Frühjahr 1990 antwortete ich fest entschlossen »Mittelmeer«, als die junge Frau im Französischen Kulturzentrum in Ostberlin mich nach meinem Wunschziel fragte.

Einige Monate zuvor hatten die demonstrierenden Leipziger Studenten das alte Kämpferherz von François Mitterrand gerührt. Spontan lud er 1000 Jugendliche aus der DDR nach Frankreich ein. Auf Staatskosten versteht sich. Es war eine Geste der

Freundschaft, *mille cadeaux pour l'Allemagne*. »Pour la RDA« hätte es eigentlich heißen müssen. Noch hatten wir alle DDR-Pässe.

Weil ich schnell reagiert hatte, durfte ich mir eine Reise aussuchen. Ich entschied mich für eine kleine Stadt in Südfrankreich. Der Karte nach zu urteilen, schien sie in der Nähe der Küste zu liegen.

Am 12. Juli ging es los. Ich war sehr aufgeregt. Ich würde zum ersten Mal den Süden sehen. Und das Mittelmeer.

Die meisten in unserer Gruppe waren zwischen 16 und 19, fast alle Schüler und angehende Studenten aus Berlin. Es war toll. Eine Klassenfahrt in den Westen.

Am Bestimmungsort angekommen, wurden wir in einem Ferienlager untergebracht, mit Taschengeld versorgt und unserer Betreuerin vorgestellt. Sie sprach Deutsch und Französisch, stammte allerdings aus Slowenien. Offenbar wollten die örtlichen Organisatoren sicherstellen, dass wir artgerecht behandelt würden. Dein Ossi – das unbekannte Wesen.

Da wir so etwas wie offizielle französische Staatsgäste waren, interessierten sich auch Presse und Gemeinderegierung für die Schüler aus den deutschen Ostprovinzen. Unser erster Termin führte ins Rathaus. Es war unerträglich heiß. Im Garten hatte jemand in aller Eile ein seltsames Büfett aufgebaut.

Es gab einen großen Krug Eistee, ungefähr 15 Flaschen hochprozentigen Alkohol – und nichts zu essen.

Der Bürgermeister hielt eine lange Rede über die Schönheit Frankreichs und ließ dazu ausgiebig Veuve Clicquot reichen.

Der Willkommenstrunk wirkte. Als Ostkinder hatten wir keinerlei Übung im Umgang mit Champagner oder mediterraner Juli-Hitze – geschweige denn mit der unheilvollen Kombination aus beidem. Im Handumdrehen waren wir ordentlich angeheitert und aus anfänglichem Kichern wurde ein kollektiver Lachanfall, dessen Ursprung dem bestürzten Bürgermeister vermutlich bis heute verborgen geblieben ist. Er bedankte sich hastig, wünschte uns einen schönen Aufenthalt und ging rasch zurück ins Büro. Seine Mitarbeiter folgten ihm.

Allein gelassen leerten wir erst mal seelenruhig den Champagner und verstauten dann mit der größten Selbstverständlichkeit der Welt die restlichen Flaschen Alkohol in unseren Taschen. Wir konnten ja schlecht alles hier austrinken. Es wäre uns taktlos vorgekommen, das Büfett unberührt stehen zu lassen. Der Bürgermeister hatte sich doch solche Mühe gegeben.

Zurück blieben ein Tisch mit einem großen einsamen Krug Eistee und vermutlich eine ziemlich verdutzte Sekretärin.

In den nächsten Tagen unternahmen wir alles Mögliche. Wir fuhren auf Märkte, ins Gebirge, sahen mittelalterliche Städte und Hugenottentürme, wir waren in den Käsehöhlen von Roquefort, ritten in die Umgebung aus, grillten Muscheln und badeten in verborgenen Grotten. Nur am Mittelmeer waren wir noch nicht gewesen. Südfrankreich ist groß und unser Ferienort lag gut 80 km von der Küste entfernt. Also baten wir unsere Begleiterin, einen Strandausflug einzuplanen.

Es war ein brütend heißer Tag. Als der Bus endlich hielt, waren wir vollkommen durchgeschwitzt. Drinnen und draußen stand die Luft. Dessen ungeachtet war unsere Laune hervorragend. Wir freuten uns auf das kühle Bad, das uns gleich von den Strapazen der Mittagsdemse befreien würde.

Die Reiseleiterin hatte extra etwas Touristenfernes für uns ausgesucht. Ohne Liegen, Schirme und Holzbuden. Gut besucht, aber nicht voll. Urwüchsig mediterran sozusagen.

Auf den ersten Blick sah die Côte d'Azur genauso aus wie Zingst oder Zinnowitz. Flache Dünen, heller Sand, keine Palmen. Alles wie in der DDR. Wir rissen uns die Schuhe von den Füßen und zogen sie auf der Stelle wieder an. Der Sand kochte.

Leicht verstimmt gingen wir also in Sandalen weiter zum Ufer. Dort legten wir die Badetaschen ab. Der Anblick der offenen See versöhnte uns. Voller Vorfreude klatschten wir in die Hände: na bitte, das Mittelmeer. Wir hielten einen Moment inne und taten dann etwas für Ostkinder völlig Natürliches: Wir zogen uns nackt aus und sprangen kreischend in die Fluten. Mit einem Schrei des Entsetzens tauchten wir alle wieder auf. Das Wasser war ganz anders, als wir es erwartet hatten. Es war badewannenwarm und vollkommen versalzen. Unsere Augen brannten wie Feuer. So hatten wir uns das nicht vorgestellt.

Doch weit mehr als uns das Mittelmeer verwirrten wir offenbar die Franzosen. Wir saßen kaum zum Trocknen auf den Handtüchern, als bereits die berittene französische Strandpolizei aufkreuzte und uns wild gestikulierend anwies, uns zu bedecken. Sie waren sehr wütend und sahen aus, als würden sie gleich schießen. Wir verstanden nicht sofort, was sie eigentlich aufregte. Wir waren uns keiner Schuld bewusst. An den langen Ostsee-Stränden badeten alle nackt. Keiner von uns war auf die Idee kommen, dass FKK am Mittelmeer nicht üblich sein könnte. Wir hatten nicht mal Badesachen mitgenommen.

Unsere Dolmetscherin bemühte sich redlich die angedrohte Geldstrafe abzuwenden. Mit bedeutungsschwangerer Mine erklärte sie den Polizisten, dass wir eine Jugendgruppe aus der DDR seien und dort sei Badekleidung gänzlich unbekannt. Das war zwar geschwindelt, aber es funktionierte. Die Herren auf den Pferden hatten ein Einsehen.

Den Rest des Tages mussten wir wohl oder übel in Unterwäsche verbringen. Es war etwas gewöhnungsbedürftig, aber wir beschlossen, das Ganze komisch zu finden. Andere Länder, andere Sitten. Und so wurde unsere erste Begegnung mit dem Mittelmeer doch noch ein voller Erfolg.

DER VERDACHT

1962 verlor meine Mutter ihren Vater. Meine Großmutter befand, dass es nach einer Scheidung keinen Anlass für Kontakt zwischen Vater und Kind gäbe. Strafe muss sein. Bevor meine Mutter alt genug war, sich darüber hinwegzusetzen, starb ihr Vater. Im Januar 1967 in einer feuchten Zelle der Untersuchungshaftanstalt des MfS in Rostock. Er war 42 Jahre alt.

Niemand hat jemals mit ihr darüber gesprochen. Erst drei Jahre nach der Wende, schon älter, als ihr Vater wurde, fand meine Mutter endlich ein Gegenüber: das Ministerium für Staatssicherheit. Dessen verhasste Akten sind ihre einzigen Verbündeten auf der Suche nach dem verschollenen Vater und seiner Geschichte.

Im Universum des MfS hatten nicht nur die Spitzel Decknamen, sondern auch die Observierten. Die operativen Zwangspseudonyme widerspiegelten berufliche, gesellschaftliche oder charakterliche Bezüge. Jedenfalls, was die Genossen dafür hielten.

Mein Großvater hieß »Tanne«. Die zuständige Dienststelle hat sich vielleicht dafür entschieden, weil er so groß und stattlich wie eine Tanne war. Oder so dunkel. Aber wohl eher, weil er in einer Straße namens Tannenwall wohnte. Auch die Menschen um ihn herum wurden nach Bäumen benannt, Freund und Feind. »Tanne«, »Eiche«, »Birke«, »Fichte«, »Lärche«.

Es ist alles, was meiner Mutter von ihrem toten Vater geblieben ist: ein konspirativer Mischwald.

Ihre eigenen Stasi-Akten sind verschollen. Vermutlich 1989 im Reißwolf den Weg alles Irdischen gegangen. Ihre Geschichte ist nicht weg. Sie ist mitkonserviert in den kilometerlangen Vorgängen ihrer Freunde. Einzelne Informationen, lose Blätter, ganze Episoden tauchen dort schnipselweise auf. Weil private Verbindungen zu Regimegegnern überaus interessant waren, ist sie in diesen Akten Dauergast. Vom MfS offenbar kein gern gesehener: Deckname »Kröte«. Darauf könnte sie stolz sein. »Kröte« musste man sich erst mal verdienen. Seitdem das bekannt ist, bekommt meine Mutter Heerscharen von Amphibien aus Holz und Keramik. Der Strom reißt nicht ab. Bei jeder neuen Kröte tut sie überrascht, lächelt den Schenker freundlich an und verbannt das ungeliebte Tier dann unauffällig zu den anderen Lurchen.

Zwischen den Akten meines Großvaters und denen meiner Mutter gibt es keinen Zusammenhang – so wie es in ihrer beider politischen Entwicklungen keinen Bezug gab. Nur einmal erwähnte mein Großvater in einem Stasi-Verhör bewundernd den Namen Robert Havemann. Das hat meine Mutter sehr gerührt. 30 Jahre nachdem der Vater aus ihrem Leben verschwunden war, reichte er ihr in einem kargen Leseraum der Gauckbehörde unerwartet eine Hand. Verspätet.

Und nur in ihrem Kopf. Als wir im Herbst 1976 zu

Katja und Robert Havemann zogen, war mein Großvater schon zehn Jahre tot.

Katja war es auch, die meine Mutter im Advent 1992
fragte, ob sie eine Idee hätte, wer IM »Buche« sein
könnte. Bisher sei noch keine Verpflichtungserklärung
gefunden worden. Vielleicht war sie auch vernichtet,
oder es gab nur eine mündliche Vereinbarung. »Buche« jedenfalls, ein wichtiger und gut informierter Stasi-Spitzel ab Mitte der achtziger Jahre, trat in der
Hauptsache im Zusammenhang mit meiner Mutter
auf. Katja vermutete ihn im nahen Umfeld. Meine
Mutter hatte keine Idee. Gar keine. Sie war grundsätzlich vorsichtig. »Krötig« sogar, das hatte sie
schwarz auf weißer Stasi-Akte. Es gab kaum neue
Freunde, seit wir in Berlin lebten. Niemanden jedenfalls, der so viel wusste. Auch mein Vater war ratlos.
»*Buche*«? Ein Baum. Das war sicher kein Zufall. Tanne,
Eiche, Birke, Fichte, Lärche – *Buche*. Wenn diese
Fährte richtig war, dann konnte es nur jemand von
früher sein. Von ganz früher. Aus der Kindheit meiner
Mutter an der Ostsee. Es hieße, dass IM »Buche« seit
30 Jahren in engem Kontakt zu ihr stand. Drei Viertel
ihres Lebens.

Meiner Mutter wurde schlecht. Sie rannte aufs Klo
und übergab sich.

Dann rief sie mich an. Ich setzte Kaffee auf. Fünf Minuten später klingelte es an der Tür. Meine Mutter
stürmte an mir vorbei in die Küche und ließ sich krei-
debleich auf einem Stuhl nieder.

111

Sie hielt sich nicht mit Förmlichkeiten auf: »IM Buche.« Sie sah mich unruhig an. »Fällt dir dazu was ein? Ganz nah bei uns. Es ist ein Baum. Also vermutlich seit meiner Kindheit.«

Ich kannte die Aktenlage meines Großvaters durch meine Mutter. Ich kannte unser Leben, ihres. Ich teilte den unausgesprochenen Verdacht auf Anhieb. Es gab nur eine einzige Person, auf die alles zu vereinen war.

In mir sträubte es sich. Ich schämte mich für diesen Gedanken. Wenn IM Buche wirklich schon zum Stasi-Wald meines Großvaters gehörte, dann kam niemand in Frage außer meiner Großmutter. Tanne, Fichte, Buche – die Verwandtschaft der Decknamen ließ kaum eine andere Interpretation zu. Aber das konnte nicht sein.

Natürlich wäre meine Großmutter theoretisch erpressbar gewesen. Sie hatte damals das Kind, arbeitete als Zivile in einer Kaserne, und es gab niemanden, der ihr half und dem sie wirklich vertrauen konnte. In den Unterlagen von 1961 war zu lesen, dass die Stasi vor der Scheidung mehr als einen Maßnahmeplan zu ihrer Inhaftierung ersonnen hatte. Mir wurden die Knie weich. Möglich war alles. Auch das Undenkbarste. Die Stasi-Akten offenbarten gnadenlos. Der Betrug machte vor Familienbanden keinen Halt. Immer häufiger trat Verrat an den nächsten Menschen zutage. Alle kannten die Geschichte der Wollenbergers – und es war nur die prominenteste.

Aber *meine* Großmutter ein IM? Das übertraf mein Fassungsvermögen. Andererseits: Hatte sie nicht immer gedroht, meine Mutter brächte sich nur in Gefahr mit diesem Lebensstil und würde schon noch sehen, was sie davon hätte? Ihr könne man nichts erzählen. Sie hätte das schon mit ihrem Mann durch...

Trotzdem. Sie hätte nicht mit der Stasi geklüngelt. Selbst wenn sie gezwungen worden wäre. Sie hasste dieses System. Sie hätte es uns sofort erzählt. Meine Großmutter wusste gut, wie man die Stasi ihrer Macht berauben konnte. Dekonspiration war das Zauberwort. Offen legen, dass sie einem zu nahe traten oder man etwas unterschreiben musste. Denn das war die eigentliche Stärke der Staatssicherheit: zu schaffen, dass Millionen Menschen sich ängstlich, ruhig und misstrauisch verhielten. Sie sorgte dafür, dass man beim Erzählen eines politischen Witzes automatisch die Stimme senkte. Der vorauseilende Gehorsam griff in jede Faser der Gesellschaft und schüchterte ein ganzes Volk ein.

Aber nicht meine Oma. Sie hätte uns niemals verraten. Wir waren ihre Familie. Alles, was davon nach dem Krieg noch übrig war.

Oder doch? Hatte sie erst ihren Mann bespitzelt und dann ihre Tochter...? Wie sehr kann man sich in einem Menschen täuschen? Wie weit kann ein emotionaler Betrug gehen? Was kann man noch glauben, wenn das stimmte?

Meine Mutter und ich sahen uns hilflos an. Ich atmete

tief durch und sagte halblaut: »*Das* glaube ich erst, wenn sie es mir selbst sagt.« »Ja«, antwortete meine Mutter gequält. »Ich auch.«

Das machte es nicht besser. Ob wir es nun leichtfertig glaubten oder widerwillig; wir unterstellten meiner Großmutter prinzipiell, dass sie uns bespitzelt haben könnte. Weil alle Zeichen auf sie zu deuten schienen, hielten wir es grundsätzlich für möglich. Die Stasi hatte ihre Hausaufgaben gemacht.

Doch auch, wenn es nichts gab, das als völlig absurd ausgeschlossen werden konnte, wurde in der DDR längst nicht jeder Verrat begangen. Was also, wenn wir sie zu Unrecht verdächtigten?

Ich setzte mich zu meiner Mutter und nahm sie in den Arm. Wir sprachen minutenlang nicht. Beide alleine in der Schande unserer Vermutung, allein im Schmerz des Verdachts.

Wer sich hinter »Buche« verbergen könnte, wenn man die Namensparallele zum Vorgang meines Großvaters übersah, trat völlig in den Hintergrund vor der Angst, dass es vielleicht meine Großmutter sein konnte. Denn es machte Sinn: Tanne, Birke, Fichte, Eiche, Lärche. *Buche*. Und es stellte alles in Frage.

Für den Abend verabredete sich meine Mutter mit einer ihrer engsten Vertrauten. Der einzigen, die nicht in den Kreis ihrer anderen Freunde gehörte. Eine Psychologin, für die meine Mutter ihre Hand ins Feuer legte. Vielleicht hatte sie eine Idee. Unbeteiligte sind manchmal die besten Ratgeber.

Sie trafen sich in einem Restaurant. Meine Mutter redete lange, rauchte viel und aß wenig. Die Freundin beruhigte sie. Wer weiß. Im Zweifel für den Angeklagten. Sie ist es bestimmt nicht. Gebt ihr eine Chance. Beziebt sie ein. Fragt sie, ob sie eine Idee hat, wer der IM sein könnte.

Meine Mutter fühlte sich besser. Ja, vielleicht war das alles nur die Panik eines aufgeschreckten Hühnerhaufens. Vielleicht gab es eine ganz einfache und ganz andere Lösung. Aber wann? Weihnachten stand bevor. Mit diesem Verdacht würde uns die Gans im Hals stecken bleiben.

Sie zahlten und gingen zur Garderobe. Plötzlich durchschoss es meine Mutter. Unwillkürlich verkündete sie: »Es ist eigentlich auch egal. Bis Heiligabend weiß ich es sowieso. Zum ersten Mal werden mir meine alten Freundschaften bei Behörden nutzen. Vorzugsbehandlung. In spätestens zwei Wochen kann ich den Klarnamen des IM ziehen lassen. Ich erfahre es noch vor den Feiertagen.« Das stimmte nicht. Und sie wusste nicht, warum sie es behauptet hatte. Doch es verfehlte seine Wirkung nicht.

Ihre Freundin blieb stehen und sah sie an. Dann öffnete sie den Mund und sagte: »Dann sage ich es dir lieber selber. Deine Mutter hat damit nichts zu tun. Ich bin IM Buche.«

»Wie bitte?«

»Ich bin IM Buche.«

Meine Mutter blickte sich Hilfe suchend um. Im ersten Impuls fragte sie besorgt: »Aber warum? Womit haben sie dir gedroht?«

»Sie haben mir nicht gedroht. Ich wurde gefragt, und ich habe ja gesagt. Dann haben sie mich auf dich angesetzt. Es gibt keinen Grund.«

Meine Mutter nahm ihren Mantel. Sie hatte sich schon abgewandt, als sie sich noch einmal umdrehte und ihrer Freundin in die Augen sah. »Warum ein Baum? Warum *Buche*?«

»Reiner Zufall. Wegen der abgebuchten Informationen. Wie vom Konto. Ich hatte ein Guthaben, die haben abgebucht. Abbuchen – Buche.«

Meine Mutter ließ sie stehen und verließ wortlos das Restaurant.

Als sie weit genug gegangen war, setzte sie sich auf eine Bank und zündete eine Zigarette an. Abbuchen. Sie schüttelte den Kopf. Das gibt es doch gar nicht. Das darf doch nicht wahr sein. *Abbuchen!*

Sie wusste nicht, was stärker in ihrem Schädel dröhnte: der Schmerz über den Verrat oder die Erleichterung über den ausgeräumten Verdacht. Sie stützte die Stirn in beide Hände und schluckte. Dann begann sie zu schluchzen. Schock und Anspannung entluden sich. Sie weinte zehn Minuten wie im Krampf. Dann ging sie nach Hause.

Jeden Versuch dieser Frau, noch einmal mit ihr zu sprechen, blockte meine Mutter ab. Keine neuen Heucheleien. Es ging nicht um die gelogene Freundschaft oder das Bespitzeln. Es ging darum, dass sie bewusst ein System unterstützt hatte, das jeden Verrat möglich machte. Jeden. Es gab nichts mehr zu erklären.

Am nächsten Wochenende fuhren wir gemeinsam zu meiner Großmutter und beichteten ihr alles. Zuerst lachte sie schallend. Dann wurde sie ernst. Sie stand auf, stellte einen großen Cognac auf den Tisch und füllte seufzend die Schnapsgläser. Sie hob ihres, sah uns an und sagte: »Darauf, dass dieser Kelch an uns vorübergegangen ist.«

DER BÜCHERSCHATZ

Müsste ich heute meine Hobbys benennen, würde ich wahrscheinlich antworten: Lesen und Schreiben. Die Wahrheit aber ist Essen und Fernsehen.

Das war früher anders. Eines der Regale in meinem Zimmer war schmal und hoch und passte genau neben das große Fenster gegenüber dem Hochbett. In diesem Regal sammelte ich etwas ganz Besonderes: meinen Bücherschatz. Er bestand aus verschiedenen Bänden, von denen jeder einzelne aus irgendeinem Grund in meinen Augen sehr kostbar war. Gut sichtbar drapiert, thronten sie dort wie auf einem Altar.

Bücher bestimmten einen entscheidenden Teil meines Alltags. Man könnte sagen, sie gehörten in meinen engsten Freundeskreis. Ich verschlang alles, was ich irgendwie in die Hand bekam. Über Stunden lag ich auf dem Hochbett und rührte mich nicht von der Stelle. Wenn meine Mutter mich bat, den Müll rauszutragen, rief ich hinunter: »Nur noch das eine Kapitel«, und hielt sie damit so lange hin, bis sie schließlich kam und mir das Buch wütend entriss.

Gewöhnlich jedoch nahmen meine Eltern mir Bücher nicht weg, sondern gaben sie mir. Obwohl sie selbst wenig lasen, wuchs ich in einer Atmosphäre auf, in der das geschriebene Wort eine große Bedeutung hatte und immer eine Rolle spielte. Viele Freunde meiner Eltern schrieben. Durch sie habe ich von früh auf gesehen, welche Kraft ein Text haben kann – und auch welche Konsequenzen. Manchmal ganz ungeahnte.

Mein Vater arbeitete in der Druckerei des VEB Metallurgiehandel. Vervielfältigungsmaschinen jeder Art wurden in der DDR streng kontrolliert. Öffentliche Kopierapparate wären undenkbar gewesen. Geld nützte wenig, aber wer Zugriff auf Kopierer hatte, konnte die Zensur unterlaufen. Niemand achtete darauf, dass mein Vater seelenruhig an den volkseigenen Geräten stand und illegale Texte für seine Freunde druckte. Es war MIKADO, die Literaturzeitschrift des Untergrunds, die regelmäßig in diesem VEB das Licht der Welt erblickte. Auf die Dauer blieb das natürlich nicht unbemerkt. Eines Tages trat der Chef der Abteilung mit ernstem Gesicht auf meinen Vater zu – und beglückwünschte ihn zur Ernennung zum Bestarbeiter. Weil er immer so fleißig an der Druckmaschine stünde, sei er ein großes Vorbild für die anderen.

Parteifeindliche Texte oder was die SED dafür hielt, gehörten nicht zu meinem Bücherschatz. Mein Held war Heinrich Heine, und der hielt sich legal im Osten auf. Ich liebte ihn über alles. Seine Verse sprachen zu mir wie Romane. An seinen Spitzen und Witzen hielt ich mich oft fest. Insgeheim fand ich immer, dass wir in durchaus vergleichbaren Situationen lebten. Eines der Prunkstücke meines Bücherschatzes war eine wunderschöne Jugendstil-Ausgabe vom *Buch der Lieder*. Ein Original von 1903, das leider während des Umzugs unter Wasser geraten war. Der taubengraue Leinenumschlag schlug nun an der Rückwand Wellen. Doch Goldschnitt, Papier und der Profildruck mit den weißen Lilien auf dem Deckel waren unversehrt. Ich mochte es nicht nur, weil es so alt war, sondern auch, weil es die Romantik Heines so ungebrochen kitschig ernst nahm und damit sicherlich Opfer seines Spotts geworden wäre.

Wann immer es galt, in der Schule einen Vortrag oder einen Aufsatz über Lyrik anzufertigen, griff ich sofort zu Heinrich Heine. Über ihn war gar nicht genug zu sagen. Nur eine Gelegenheit hätte ich gerne ausgelassen. In der 11. Klasse mussten wir einen Brief an ihn schreiben. Er hatte seinerzeit Bedenken geäußert, dass mit der Herrschaft des Proletariats auch das Ende der Schönheit anbräche und auf Rosenbeeten Kartoffeln gepflanzt würden. Ich fand, dass er völlig Recht hatte. Aber mein Lehrer wollte, dass wir dem bourgeoisen Herrn Doktor Heine aus unserer historischen Überlegenheit heraus mal so richtig Bescheid geben. Wie anmaßend. *Das* war für mich die pure Blasphemie. Trotzdem schrieb ich, was er hören wollte, nahm meine Eins entgegen und verbannte den Brief in die unterste Schublade des Schreibtischs. Es war mir so peinlich. Ich schämte mich. Vor mir selbst und vor einem Toten.

Jahre später besuchte ich einen Bekannten an der Ost-

see. Es war lange nach der Wende, und mein Bücherschatz war längst aufgelöst. Heine hatte ich fast vergessen, weil ich ihn nicht mehr so dringend brauchte.
Die Mutter meines Bekannten arbeitete in einer großen Bibliothek. Mehr zufällig kam ich in der Küche
mit ihr ins Gespräch. Wir plauderten ein wenig über
Literatur.

Am nächsten Abend legte sie ein Päckchen vor mir auf
den Tisch und sagte: »Ich hab Ihnen etwas mitgebracht. Es wurde gerade bei uns aussortiert, und ich
hatte das Gefühl, es würde Ihnen vielleicht gefallen.«
Ich lächelte sie an und bedankte mich. In dem Päckchen lag ein dickes graues Buch. Eine blasse Frau mit
Flügeln und einer Rose im Haar spielte auf dem Um-
schlag versonnen Harfe. *Heines Werke* stand schlicht
darunter. Es war eine einbändige Gesamtausgabe von
1899. Ich war sprachlos. Ein Schauer lief mir über den
Rücken. Hallo. Hallo, mein Heinrich. Gerührt nahm
ich das Buch in die Hand und öffnete es. 1036 Seiten.
Das dünne Papier war vergilbt und die Schrift beinahe
unleserlich klein.

Auf einmal fiel mir wieder der Unsinn ein, den ich in
der Schule hatte verfassen müssen. Es war, als striche
ein Hauch der vergangenen Zeit durch die Küche.
Ich hatte immer noch ein schlechtes Gewissen deswegen.

Ich klappte das Buch zu, drehte es einmal in meinen
Händen und dann schlug ich es wieder auf. Ich blätterte darin, und plötzlich wurde mir klar, dass Hein-

rich Heine, mein Heinrich Heine, der Erste gewesen wäre, der schallend laut über diesen blöden Brief gelacht hätte. Ich nahm das Buch und gab ihm einen lauten Kuss.

DIE MUSIK MEINES VATERS

Mein zweiter Vater erschien einige Wochen vor meinem 11. Geburtstag. Eines Abends saß er in der Küche, zauberte mit Münzen und küsste meine Mutter. Am nächsten Tag holte er seine Koffer und zog zu uns.

Er war sehr jung, bärtig und das, was man damals einen langhaarigen Chaoten nannte. Er liebte irische Musik und Neil Young. Wenn er zu viel getrunken hatte, zog er seinen Parka über die Unterhose und beschloss, auf der Stelle nach Irland auszuwandern. Die sollten nur versuchen, ihn aufzuhalten. Scheißland. Meine Mutter schaffte es jedes Mal, ihn mit Drohungen und Schmeicheleien zurück in die Wohnung zu locken. Manchmal musste sie ihn auf der Straße einsammeln. Es war seine Art auszubrechen.

Seit mein Vater im Haus war, lebte auch Neil Young bei uns. Die ersten sieben Jahre ging mir seine Musik furchtbar auf die Nerven. Alte-Männer-Rock 'n' Roll. Die nächsten sieben Jahre gewöhnte ich mich daran, dass andauernd Neil Young lief. Geburtstag, Ostern, Weihnachten. Ich begann ihn zu tolerieren.

In den letzten sieben Jahren habe ich ihn wirklich mögen gelernt. Ich besitze freiwillig mehrere CDs. Wenn ich Neil Young höre, ist es, als würde die Musik mir zuzwinkern und mich in den Arm nehmen. Ein warmes Gefühl. Neil Young, das ist mein Vater. Und mit ihm die Geborgenheit meines Elternhauses.

Musik war ein wichtiges Medium in der DDR. Im Gegensatz zur Literatur war es unmöglich, sie fern zu halten. Bücher wurden einfach nicht gedruckt und die Einfuhr verhindert. Schluss. Aber Lieder via Äther waren unkontrollierbar. Sie kamen durch die Luft. Spätestens, wenn die ersten Leute eine Melodie auf der Straße summten und irgendein begabter Hörer die Noten aufgeschrieben hatte, war es zu spät. Songs, die westliche Radiostationen verließen, setzten sich wie feiner Staub in die Gehörgänge der DDR-Bürger. Akustisches Kokain fürs Volk. Sozialistischer Stardust. Jeder kennt diese DDR-Geschichten; der Schwarzmarkt, die gefälschten Cover mit der böhmischen Blasmusik, bis zur Unkenntlichkeit kopierte Kassetten und Tonbänder, Bravo-Poster, die ein halbes Lehrlingsgehalt kosteten, und so weiter. Musik stand für Hoffnung.

Jeder Hit, der das Wort *frei* enthielt, wurde im Herzen eines Ossis zum Protestsong. Je später der Abend, desto inbrünstiger wurde gesungen. Mehr noch als der seichte Glitzerpop der Achtziger war es die kraftvolle rebellische Pose der Sechziger und Siebziger. Ich bin sicher, dass sich Bob Dylan niemals darüber bewusst wurde, welche Bedeutung sein Konzert 1987 in Ostberlin hatte. Und noch weniger hat er jemals verstanden, wie enttäuschend sein wortkarger Auftritt war. Als wäre es nur ein Punkt mehr auf einer Liste lästiger

Pflichten. Vermutlich war es das auch für ihn. Für die Leute war es Gott schauen – aber der Schöpfer ging vorüber, ohne sie eines Blickes zu würdigen.

Ganz anders Neil Young. Er hat nie in der DDR gastiert. Er konnte meinen Vater nicht kränken. Seine Liebe zu ihm ist ungebrochen.

Anfang der neunziger Jahre spielte Neil Young in der Berliner Waldbühne. Es war die erste Chance, ihn live zu sehen. Meine Mutter ging aus reiner Zuwendung mit. Sie wollte diesen wichtigen Abend mit meinem Vater teilen. Neil Young war ihr egal. Nach und nach klinkten sich alle möglichen Freunde meiner Eltern ein. Als ich merkte, dass dieses Konzert in ein Familienpicknick ausartete, beschloss ich, mir auch eine Karte zu holen.

Wir kamen reichlich spät und fanden nur noch ganz oben Platz. Die Waldbühne wippte und summte, alle schmatzten an irgendetwas, und die Sommernacht rauschte mild. Kein Geschrei, keine Unruhe – ein friedliches Happening. Es war toll. Das bunte Publikum beeindruckte mich schwer. Jogginghosen neben Philosophieprofessoren, Frauenbeauftragte neben Lederschwulen, Rentner neben Schulkindern. Es ging durch alle Schichten und durch alle Generationen. Viele Familien waren, wie wir, zusammen gekommen. Offensichtlich war ich nicht als Einzige jahrelang mit Neil Young gequält worden – und offensichtlich hatte ich auch nicht als Einzige am Ende klein beigegeben ...

Mein Vater saß ganz ruhig da und schaute durch seinen Feldstecher auf die Bühne. Ab und zu stupste er mich und sagte: »Hier. Sieh mal durch.« Ich erkannte einen puppengroßen Mann in Holzfällerhemd mit Gitarre und Mundharmonika. Im strahlenden Blick meines Vaters sah ich, dass da unten ein ganzer Lebenstraum stand. Sein Ideal von Freisein, von Weite, von Unabhängigkeit. Neil Young zu sehen war für ihn wie mit einer Harley Davidson die Route 66 entlang zu rasen.

Als mein Vater eingeschult wurde, fragte die Lehrerin ihn nach seinem Berufswunsch. Er sah sie aus seinen veilchenblauen Augen an und antwortete »Rentner«.

Das beschreibt es ausreichend. Mein Vater wollte schon mit sieben Jahren in Pension gehen.

Ich glaube, er war immer zerrissen zwischen ausgeprägter Bodenständigkeit einerseits und einem sturen Hang zum Ungehorsam andererseits. Am Ende siegt grundsätzlich sein Harmoniebedürfnis. Mein Vater hasst Stress. Das heißt nicht, dass er es sich leicht macht. Er geht den Weg des geringsten Widerstands – aber immer geradewegs auf sein Ziel zu. Familienzwist gab es nur, wenn das Ziel nicht mit dem meiner Mutter übereinstimmte. Glücklicherweise ist sie kompromissbereit und er ruhebedürftig. Ein guter Boden für Mittelwege.

Im September 1989 durfte mein Vater für eine Woche nach Westberlin fahren. Wahrscheinlich wollte die Stasi ausprobieren, ob er nicht doch drüben blieb und uns vergaß. Einer weniger. Und vielleicht gingen wir ja dann hinterher.

Er verbrachte die ganze Woche mit einem französischen Freund, der ihm ausgiebig zeigte, wo in Berlin der Bär tanzt und dass ein Jack Daniels kein Jim Beam ist. Westberlin war ein Paradies für meinen Vater. Ich brauchte es nicht zu kennen, um das zu wissen.

Meine Mutter und ich sparten das Thema aus, aber wir waren beide nicht wirklich sicher, was geschehen würde. Als mein Vater wieder nach Hause kam, weinten wir vor Freude.

Die Crazy Horse verließen die Bühne. Neil Young setzte sich ans Klavier und spielte allein im Schein von zwei Kerzen. Mein Vater sah ihm gebannt zu. Ich beobachtete die beiden und musste lächeln. Sie hatten irgendwie Ähnlichkeit. Viel Rock 'n' Roll, aber keine zerkloppten Gitarren. Whisky ja, in Hotelzimmern randalieren: nein. Die netten Ausgeflippten von nebenan, denen man sofort seine Kinder anvertrauen würde. Ich sah meinen Vater an. Sein Bart wurde langsam grau. Er pfiff leise die Melodie mit und sah begeistert durch sein Fernglas auf die Bühne.

Mir wurde klar, dass er nicht getan hatte, was er hätte tun können. Er war nicht Roady geworden, er war nicht nach Irland ausgewandert, und er war aus Westberlin zu uns zurückgekehrt. Es war eine grundsätzliche Entscheidung. Er grub lieber am Wochenende den Garten um und fuhr mit meiner Mutter zelten. Er würde bis zur Rente arbeiten und dann endlich die ersehnte Ruhe haben. Mit seiner Familie, Jack Daniels und Neil Young.

DER FREISPRUCH

Die eigentliche Ironie des Mauerfalls war das Timing.
In meiner Klasse lautete die Geschichts-Hausaufgabe
der Vorwoche am Morgen des 10. November 1989:
»Begründen Sie, dass der antifaschistische Schutzwall
auch heute noch seine Berechtigung hat!«
Quod non iam erat demonstrandum.
Ich hätte auch zwei Tage vorher keine passende Erklä-
rung gehabt. Wenigstens hätte ich alles unternommen,
um keine abgeben zu müssen.
Ich wusste längst, dass mich die Mauer nicht davon
abhalten würde, wegzugehen. Für meine Pläne war
die DDR zu klein. Ich träumte von Paris und New
York. Ich wollte studieren, die Welt sehen. Ich hatte
keine Lust, eine der Universität verwiesene Dissiden-
tin zu werden – ich kannte zu viele kluge Köpfe, die
auf Friedhöfen Gräber harkten. Ich wollte nach
Frankreich, in das Mutterland der Revolution.
Ich hatte meine Ausreise seit ungefähr einem Jahr genau geplant. Es gab keine undichte Stelle. Meine Stra-
tegie war einfach: Schule beenden, Ausländer heiraten, über Familienzusammenführung ausreisen.
Ich hatte zwei realistische Optionen: meinen Schul-
freund Robert, der einen französischen Vater hatte
und hier nur noch sein Abitur abwartete, oder Eric
aus Marseille, den ich in den Sommerferien an der

Ostsee kennen gelernt hatte. Es war eine Frage der Zeit. Robert wurde im Mai 1990 volljährig, Eric im August.

Durch die Ehe mit einem Ausländer wäre ich zwar DDR-Bürgerin geblieben, was aber nicht hieß, dass sie mich auch wieder reingelassen hätten. Die Menschen, die im Osten meine Familie waren, gehörten allesamt in den Kreis der ausdrücklich unerwünschten Personen. Die Menschen, die mich im Westen aufgenommen hätten, waren ausgewiesene und rausgeekelte DDR-Bürger. Keine optimalen Vorraussetzungen für ein Dauervisum. Es war der Preis meiner Freiheit.

Mein Problem war nicht die Frage, wie aus dem Osten entkommen, mein Problem war, wie sag ich's meinen Eltern ...

Es war der größte Konflikt meiner Jugend. Ich brachte es nicht fertig, ihnen zu gestehen, was feststand. Dass ich dieses Land zum nächstmöglichen Zeitpunkt verlassen würde und den Kampf im Osten aufgab für ein Studium und einen Reisepass. Ich war sicher, es würde sie umbringen.

Mit dem Herbst 1989 erübrigten sich all meine Ausreisepläne. Als Robert achtzehn wurde, war von Flucht keine Rede mehr.

Die Jahre vergingen, ich konnte studieren und wir gewöhnten uns daran, im Westen zu leben. Im Frühjahr 1995 besuchte ich mit einem schwedischen Freund meine Eltern. Wir saßen im Wohnzimmer, tranken Rotwein und erzählten ihm lustige Geschichten aus der DDR. Unvermittelt fragte er, was ich eigentlich getan hätte, wäre die Mauer nicht gefallen. Ich hatte diese Frage schon hundertmal beantwortet. Ich wollte gerade ansetzen, als ich plötzlich einen fast vergessenen Kloß im Hals spürte. Er drohte mich zu ersticken. Schuldgefühle.

Mir wurde klar, dass dies der Moment war, meinen Eltern zu gestehen, dass ich sie verlassen hätte. Sechs Jahre waren vergangen, und wir hatten nicht ein einziges Mal darüber gesprochen. Was wäre gewesen, wenn? Wir hatten das Thema einfach ausgeblendet. Es war tabu.

Ich spürte, wie ich schlagartig wieder ein Teenager war und mir nicht gestattete, auch nur zu fühlen, dass ich aus dem Osten wegwollte, dass mein Leben in der DDR-Opposition nicht weitergehen würde. Ich war ein Deserteur. Ich verriet alle Menschen, die mir wichtig waren, weil ich nicht bereit war, hier zu bleiben. Aber ich wusste längst, dass das Schicksal einer Märtyrerin für mich nichts war. Ich wollte denken und schreiben, nicht töpfern lernen. Mein Ziel war die Universität, und es gab keine Alternative.

Ich hätte alles darum gegeben, dass meine Eltern mitkamen. Aber das stand nicht zur Diskussion. Sie wären geblieben. Gegen alle Vernunft. Aus Prinzip.

Aber ich, ihr Kind, ich war nicht besser als die anderen, die das Land verließen. Doch ich hielt es nicht mehr aus, dass man mir vorschrieb, was ich zu tun, zu lassen und zu lesen hatte. Ich hasste den Kleingeist der DDR, diesen bigotten Wahnsinn, eingerichtet zwischen Wandlitz und Westfernsehen. Vor lauter Scham projizierte ich damals meine ganze Sehnsucht nach Freiheit in ein konkretes Fernweh: Frankreich. Ich hielt das für einen Unterschied. Ich glaubte, wenn ich wegheirate, dann hätte das eine andere Gewichtung als ein Ausreiseantrag. Ich wollte nie nach Westdeutschland oder in den anderen Teil Berlins. Ich wollte in ein anderes Land. Es war meine Form der Loyalität gegenüber dem Land, aus dem ich kam, gegenüber den Menschen, die mich großgezogen hatten, gegenüber Prinzipien, die gar nicht meine waren, aber in mir festsaßen, wie ein künstliches Gelenk. Ich war kein typisches DDR-Kind, aber ich war ein hundertprozentiges Produkt reformkommunistischer Ideen. Weil ich mir den Osten immer schönreden musste, brauchte ich einen Rest von Ideal. Ich wollte, dass es etwas Gutes an der DDR gab, dass sie irgendetwas an sich hatte, das ich als Zeichen der Versöhnung verstehen konnte, etwas, was uns vom anderen Deutschland positiv unterschied. Ich war felsenfest davon überzeugt, dass es Honecker einfach nur falsch machte und dass dieses System, wenn es erst einmal groß wäre und dem Stalinismus entwachsen, der segensreiche Kommunismus würde. Mit der ganzen Radikalität meiner Jugend glaubte ich, wir würden die DDR verändern können. Aber ich wusste auch, ich stand allenfalls als Diplomatin zur Verfügung. Ich ahnte schon, dass es Selbstbetrug war, aber ich wollte die

Wahrheit nicht wissen. Gerade weil ich die DDR besser als die meisten Gleichaltrigen kannte, habe ich sie immer unterschätzt.

Wahrscheinlich wäre ich später doch irgendwann nach Westberlin gezogen und hätte, sooft es geht, am Checkpoint Charlie gestanden und über die Mauer nach Hause geschaut. Eines Tages wäre ich in den Landwehrkanal gesprungen, durchgedreht vor lauter Einsamkeit. Im Grabe einig mit Rosa Luxemburg, die mir im Exil vermutlich näher gestanden hätte als viele Kreuzberger.

Meine Eltern warteten. Es war Zeit, es ihnen zu erzählen. Ich nahm meinen Mut zusammen und sagte kaum hörbar: »Ich wäre in den Westen gegangen.« Dann sah ich sie an. Meine Mutter hatte die Hand meines Vaters genommen. Er räusperte sich leise. Mama begann mit erstickter Stimme zu sprechen: »Wir haben immer gewusst, dass du eines Tages gehen würdest. Und wir wollten, dass es so unkompliziert wie möglich wäre. Wir hatten Pierre schon, als du fünfzehn warst, gebeten, dich zu heiraten, damit du rauskannst. Wir wussten, dass es in der DDR keinen Platz für dich gab. Es war alles vorbereitet. Wir haben nur auf ein Zeichen von dir gewartet.«

Mir liefen die Tränen über das Gesicht. Ich hätte meine Eltern vielleicht nie wiedergesehen. Sie wussten das. Gegen alles, was ihnen wichtig war, hätten sie mir geholfen, das Land zu verlassen. Das hätten sie für mich getan. Weil sie mich liebten. Ihr grünes Licht hieß nicht *okay*, ihr grünes Licht hieß *werd glücklich*.

Blanker Hass fackelte in mir auf. Es gibt Dinge, die kann ich der DDR nicht verzeihen. Das Zerstören von Familien gehört dazu. Das hat eine andere Dimension als Obstknappheit oder Fackelumzüge. Dieses System brachte Eltern dazu, ihre Kinder für immer wegzugeben. Solche Wunden sind durch nichts zu heilen.

Als ich mich 1995 zusammengesunken und schniefend auf dem Sofa sitzen sah, wurde mir klar, was mir erspart worden war. Die Gnade der späten Geburt bekam für mich eine ganz neue Bedeutung. Mein Weg in den Westen hätte mich damals vielleicht überfordert. Ich war ein kleines naives Mädchen. Aber meine Eltern hätten mich nicht aufgehalten, weil sie wussten, dass es trotz alledem für mich die richtige Entscheidung gewesen wäre.

An diesem Abend hörte ich auf, mich schuldig zu fühlen.

DARAUF EINEN BECHEROVKA

Als ich 21 war, lernte ich den Mann meines Lebens kennen. Es stellte sich schnell heraus, dass er doch mehr eine Zwischenlösung war, aber rein statistisch erfüllte er all meine Vorstellungen. Er war groß, gut aussehend, liebte Filme – und er kam aus Holland. Ich wollte damals unbedingt einen Ausländer. Er hätte auch Chilene oder Mongole sein können. Hauptsache kein Deutscher. Nach der Enge des Ostens sehnte ich mich nach Internationalität. Ich wollte mich jeden Morgen des dazugewonnenen Universums versichern.

Mein Holländer interessierte sich nicht für innerdeutsche Annäherungsschwierigkeiten. Er verwies gerne darauf, dass für einen Niederländer alle Deutschen Ossis sind. Manchmal habe ich gelacht, und manchmal habe ich versucht, ihm zu erklären, dass sein Bonmot zwar sprachlich griffig, aber inhaltlich falsch sei. Die DDR in mir ist nicht einfach verschwunden, nur weil das Land nicht mehr existiert. Was mich durch sie immer noch bestimmt, ist die Abwesenheit von Selbstverständlichkeit. Ich glaube, er hat nie wirklich verstanden, was ich meinte.

Im Frühling fuhren wir in seinem roten R4 mit dem gelben Nummernschild nach Venedig. Mir imponierte das. Französisches Auto, holländischer Mann, italienische Landschaft. Leonard Cohen sang im Radio »First we take Manhattan, then we take Berlin«. Ich fühlte mich wahnsinnig kosmopolitisch. Es war das erste Mal, dass ich nicht den Eindruck hatte, in Westeuropa nur Gast zu sein. Ich hatte jetzt eine Aufenthaltsberechtigung.

Im November 1998 heiratete mein französischer Freund Eric. Er hatte immer ein Faible für Ost-Frauen, deswegen überraschte es nicht, dass seine Auserwählte eine belgische Exiltschechin war. Damit nicht genug – sie hieß auch noch Erika. Beide lebten schon einige Zeit zusammen in Brüssel.

Wegen des romantischen Standesamtes fand die Trauung in Marseille statt. Ich flog schon einige Tage eher runter, damit mich, wie meine Großmutter zu sagen pflegte, »die Sonne nochmal küsst«. Von wegen. Wenn ich mich nicht gerade den Herbststürmen entgegenwarf, half ich bei den Hochzeitsvorbereitungen. Ich kaufte ein, schnitt Gemüse und begleitete Eric bei Erledigungen.

Nach und nach trafen auch die anderen Gäste ein. Es war sehr international. Allein wir Trauzeugen und das Brautpaar vereinten sechs Nationen Europas: Frankreich, Tschechien, Spanien, Deutschland, Portugal und Belgien. Abgesehen von Erikas betagter Verwandtschaft und mir waren noch vier Vertreter des Ostblocks angereist: Jurek mit Ehefrau Agnieszka aus Wrocław, Pavel aus České Budějovice und Olga aus Moskau. Jurek, Agnieszka und Pavel kannte ich schon länger, und ich freute mich, endlich auch Olga zu treffen. Eric hatte sie am Tisch neben mich platziert. Wir begrüßten uns wie alte Bekannte und fingen sofort ein Gespräch an. Auf Französisch. Als die Tischrunde das bemerkte, reagierten alle verwundert. »Warum sprecht ihr nicht Russisch?«

Ich antwortete: »Weil mein Russisch eine Katastrophe ist … Ich kann nur noch ein paar Lieder.« Es war die Wahrheit. Natürlich hatte ich acht Jahre Russisch-Unterricht gehabt, doch in der Schule lernten wir eine tote Sprache. Interkulturelle Kommunikation war nicht erwünscht. Ich konnte konjugieren, aber keinen Kaffee bestellen. Die sowjetischen Kampfgesänge dagegen hatten sich eingebrannt.

Olga zwinkerte mir zu. »Welches kannst du noch?« Ich grinste sie an und begann halblaut zu singen. Sofort fiel sie ein, und zusammen schmetterten wir mit großer Geste »Das Lied der unruhevollen Jugend«.

Alles erbleichte vor Ehrfurcht. Olga lachte laut auf und rief in die Runde: »Seht ihr, das ist eben auch der Warschauer Pakt.« Mit diesem Satz eroberte sie mein Herz.

Für die Nacht vor der Trauung waren alle provisorisch bei Nachbarn und Bekannten untergebracht. Um die Verteilung der Hochzeitsgesellschaft besser im Blick zu behalten, schickte Erics Mutter nach dem Essen alle unter 30 aus dem Haus. Ich sollte Olga, Jurek, Agnieszka und Pavel Marseille zeigen. Offenbar hatte meine Gesangseinlage mich als Ostbeauftragte qualifiziert. Wir unternahmen eine kleine Wallfahrt zu Notre-Dame-de-la-Garde. Der Weg hinauf zu dem hoch gelegenen Gotteshaus und der heiligen Frau ist selbst für Büßer eine Zumutung. Wir kamen fix und fertig oben an.

Nach dem Blick über das Meer und die Stadt betraten wir das Innere der Kirche. Jurek und Agnieszka fielen sofort auf die Knie, Pavel bekreuzigte sich. Olga und ich rollten mit den Augen. Während die anderen sich Gott zuwandten, erklärte sie mir die kunsthistorischen Finessen der goldenen Marienstatue.

Auf dem Rückweg holte Pavel eine große Flasche Becherovka aus der Tasche. Das kam genau richtig. Fröhlich leerten wir den ganzen Liter Schnaps beim Abstieg zum Hafen, erzählten Ostblock-Witze und brachten immer neue Toasts auf die Freiheit aus. Es war wunderbar. Ossis unter sich. Der Warschauer Pakt am Mittelmeer.

Bei der Trauung am nächsten Morgen stellte ich erstaunt fest, dass ich als Einzige die blockübergreifende Kleiderordnung verfehlt hatte. Ost und West trugen Pelz. Ich trug Huhn. Meine neue Federboa passte hervorragend zu dem großen Hut mit den Hahnenschluppen, aber nicht zu den Nagetieren am Hals der anderen Damen. Weil ich die einzige Deutsche war, sah man es mir nach.

Die Zeremonie verlief ohne Zwischenfälle. Eric heiratete seine Erika, alle waren gerührt, und dann fuhren wir zum Feiern auf einen Bauernhof in der Provence.

Zum Hochzeitsmahl ließen sich alle an einem riesigen blumengeschmückten Holztisch nieder. Das Paar in der Mitte, die Trauzeugen links und rechts, die Eltern gegenüber. Die Gäste verteilten sich um den Rest der Tafel. Familie und Freunde, zwischen 18 und 80, angereist aus zwölf Ländern Europas. Ein lautes Gesumme fremder Töne. Säuberlich getrennt in Slawisch und Romanisch. Es war mehr als deutlich. Der eigentlich kreative Akt des Abends würde darin bestehen, eine gemeinsame Sprache zu finden.

Der Zufall vereinfachte das. Als das Essen aufgetragen war, erhob sich Eric und hielt eine sehr kurze Rede. Er dankte den Gästen, gratulierte sich zu seiner Frau und wünschte guten Appetit. Alles klatschte gut gelaunt. Von ihren Eltern angehalten, sagte nun auch Erika ein paar Worte in ihrer Muttersprache. Vermutlich weil kaum ein Gast Tschechisch sprach, entstand kurz eine Stille, die jeden Moment in Peinlichkeit umzukippen drohte. Eric entkrampfte die Situation mit einem Witz. »So«, rief er, »und jetzt soll Rui noch was sagen.« Rui aus Lissabon, Erics zweiter Trauzeuge und bester Freund, stand auf und tat etwas sehr Charmantes – er übersetzte die Tischrede des Bräutigams ins Portugiesische. Das heißt, er dankte den Gästen, gratulierte sich zu Erika und wünschte guten Appetit. Im allgemeinen Gelächter sprang jetzt der belgische Trauzeuge auf und bestand auf einer Ansprache auf Belgisch: Im breitesten Brüssler Slang beglückwünschte er das Paar. Das wiederum provozierte Erikas Freundin, die das Wort in Flämisch ergriff, damit die belgische Parität gewahrt blieb.

Eine Lawine war ausgelöst. Reihum brachte jeder, dessen Muttersprache noch nicht zu hören gewesen war, einen Toast aus. Nach 20 Minuten waren die Fronten geklärt und man konnte gemeinsam zum Feiern übergehen.

Unzählige Gläser Champagner und noch mehr Runden Samba später, lagen sich alle in den Armen und sprachen nur noch ein verworrenes gesamteuropäisches Kauderwelsch. Die Provence roch nach Lavendel und der Kalte Krieg löste sich in der warmen Nacht auf.

FREMDES LEID TRÄGT SICH LEICHT

Vergangenes Jahr habe ich meinen Großvater exhumiert. Ich habe sein Grab geöffnet, den Staub von seinen Schläfen gepustet und ihn auferstehen lassen. 35 Jahre nach seinem Tod habe ich ihm seine Stimme wiedergegeben und mir meine Herkunft.

Ich kannte meinen Großvater nicht. Er starb, bevor ich geboren wurde, und er war keines dieser Familienmitglieder, deren Geschichten ihren Tod lange überdauern. Über meinen Großvater wurde nicht gesprochen. Meine Mutter konnte sich nicht erinnern, und meine Oma wollte es nicht. So habe ich ihn nie vermissen gelernt.

Bis ich anfing, seiner Spur zu folgen. Ich kannte seine Geschichte nur ungefähr. Als er noch lebte, war er Landrat. Ein Genosse und Vorzeigekader. Dann wurde er unbequem. Man enthob ihn seines Amtes, trieb ihn zur Verzweiflung und brachte ihn schließlich in die Untersuchungshaftanstalt des MfS in Rostock. Von seiner Zelle konnte man das Meer nicht sehen. Sie hatte keine Fenster. Er verließ sie erst Monate später als Leichnam. Der Tod meines Großvaters wird für immer im Dunkeln bleiben. Sein letztes Geheimnis hat er mitgenommen. Von ihm blieben ein paar Fotos, ein alter Kinderstuhl und 3000 Seiten bedrucktes Papier. Als die Zeit dafür reif war, beschloss ich, ihn kennen zu lernen, und begab mich auf die Suche nach seinem Schicksal. Es wurde die Chronik einer zwangsläufigen Verhaftung.

Um alles zu bekommen, was irgend überliefert ist, stellte ich Leseanträge bei den entsprechenden Archiven. Stasiunterlagen sind bei weitem nicht die einzigen Artefakte, die uns vom sozialistischen System in seinem preußischen Sammelwahn überliefert sind. Prallgefüllte Hefter lagern in den verschiedensten Ämtern bundesweit. Je kleiner die Behörde, desto höher der Aufwand.

Mein Weg durch die Archive führte mich auch in eine kleine Provinzstadt an der Peene. Die Leute dort pflegten zu sagen: *Südlich vonne Peene iss alles Sachsen.* Dabei verband den Norden etwas sehr Entscheidendes mit den ungeliebten Nachbarn von der Elbe. Kein Empfang. Die Antennen reichten nur für das Fernsehen der DDR. Große Teile Sachsens und Vorpommerns waren weiße Flecken auf der Rundfunklandkarte der Westsender und wurden von den lieben Mitbürgern deshalb schadenfroh Tal der Ahnungslosen genannt.

Ich bin dort geboren, meine Mutter, meine ganze Familie hat da gelebt, und mein Großvater hat versucht, genau dort die Welt zu verbessern. Alles zum Wohle des Volkes. Für geistige Freiheit und menschliche Würde. Daran hat er wirklich geglaubt. Es ging nicht lange gut. Am Ende ist er gescheitert an Intrigen, Planerfüllung und an institutionalisierter Lüge.

Nach vielen vergeblichen Versuchen, in der DDR gehört zu werden, begann er, anonyme Briefe an den RIAS zu schreiben. Vier Stück. Dafür wurde er 1966 inhaftiert. In einer seiner verhängnisvollen Nachrichten bittet er, dass alles getan werden sollte, um in der ganzen DDR Westempfang zu schaffen. Er schrieb: »Das Fernsehen verfehlt seine Wirkung nicht.« Sein Pseudonym war Fritz Unverzagt.

Bei meiner Wahrheitssuche in den Stasiakten spaltete ich mich nach und nach unmerklich auf. Ich wollte eine objektive Arbeit schreiben, die einen Weg rekonstruierte vom Rathaus auf den Tisch der Gerichtsmedizin. Um auszuhalten, was ich dabei lesen musste, schuf ich eine strikte Distanz zu dem Mann in den Papieren. Mein Großvater war ein Fall, kein Verwandter. Ich bemühte mich, auf jede Emotion zu verzichten. Das fiel meistens leicht, denn hinter Spitzelberichten und Vernehmungsprotokollen kann man nicht viel von einem Menschen erkennen.

Über meinem Schreibtisch hängt sein letztes Bild, das Triptychon aus dem Stasi-Knast. Manchmal hab ich ihn angesehen, wie er gefasst in die Kamera der Untersuchungsbeamten schaut, und gedacht, selbst schuld. Wer schreibt schon Briefe an den RIAS. In seiner Situation.

Je länger ich mich durch den Wust an alten Unterlagen wühlte, Niederschriften von Parteitagen las und MfS-Dokumente sortierte, desto mehr begriff ich, wie grotesk dieser Vorwurf war – und wie sehr nach dem

Geschmack derer, die ihn dort hingebracht hatten. Mein Großvater war nicht selbst schuld. Er war nur nicht bereit, die ihm zugedachte Rolle einfach hinzunehmen. Er ließ sich nicht gleichschalten oder mundtot machen und bestand auf eigene Weise darauf, dass Widersprechen sein Menschenrecht war.

Ich fing an, ihn zu verstehen. Aus tiefstem Herzen. Die Anonymität löste sich auf. Ich begann meinen Großvater hinter dem Fall zu erkennen. Seine Sehnsucht und seine Verlassenheit. Ich sah, dass ich von ihm nicht nur die krummen Finger geerbt hatte, sondern auch die Schwermut. Die Radikalität und die Handschrift. Mein Großvater, der genauso besessen Erklärungen suchte wie ich. Durch die Aufarbeitung seiner Geschichte tauchte ich unerwartet in meiner eigenen auf und stand mir plötzlich selbst gegenüber. Ich begriff, dass man nur rauskommt, wenn man reingeht.

Im Rahmen meiner Forschung stand noch eine Leseerlaubnis aus. Seit meinem ersten Antrag waren bereits neun Monate vergangen. Es ging um das winzige Landkreisarchiv der bewussten Peenestadt. Ich wollte diesen Termin eigentlich nur pro forma. Mir war klar, dass ich in den Parteiunterlagen der Kreisleitung nicht viel Erhellendes finden würde. Umso mehr verärgerte mich das absurde Hin und Her, bis mir endlich Audienz gewährt wurde. Etwas verschnupft fuhr ich vor. Nach diesem Theater erwartete ich mindestens einen Atombunker mit sensationellen Geheimunterlagen. Was ich sah, war eine halbverfallene Holzbaracke, deren Anstrich in metergroßen Stücken abplatzte. Der Lesesaal bestand aus einem einsamen Tisch im Flur. Am liebsten hätte ich laut aufgelacht.

Nach vier Stunden Aktenwälzen wurde ich doch fündig. Das Protokoll der Ratssitzung zur Wiederwahl meines Großvaters schien interessant zu sein. Die Genossen bestätigten ihn mit Lobeshymnen im Amt – drei Monate bevor sie ihn verrieten und allein ließen.

Um einiges davon später verwenden zu können, rief ich die zuständige Bearbeiterin und bat sie, Kopien anzufertigen. Sie machte keinen Hehl daraus, dass ich sie mit meinem Anliegen störte. Den vorsortierten Aktenstoß im Arm, bedeutete sie mir, ihr zu folgen. Während sie angestrengt eine Seite nach der nächsten auf die Glasscheibe legte, versuchte sie mir ihre Macht zu beweisen. Diese Unterlagen stünden doch in keinem Zusammenhang mit der Amtsenthebung meines Großvaters. Ich warf ihr einen aufrichtig irritierten Blick zu, nahm ein Blatt in die Hand und zeigte auf die emphatische Rede eines Genossen. »Wissen Sie«, erklärte ich geduldig, »in ein paar Wochen wird dieser Mann maßgeblich für die Amtsenthebung meines Großvaters sorgen. Das scheint mir schon relevant. Außerdem war er zu diesem Zeitpunkt schon einer der gefälligsten Kundschafter der Stasi.« Und da kam es, wie aus der Pistole geschossen. Ohne den Kopf zu wenden, sagte sie: »Die sind heute auch nicht besser.«

Ich war sprachlos. Ihre Stimme ließ keinen Zweifel; sie meinte es todernst. Damit hatte ich nicht gerechnet. Nicht nach den letzten 15 Jahren und vor allem nicht an diesem Ort, vor diesen Akten.

Mein Großvater hatte sich geirrt. Das Westfernsehen hat keinen Fortschritt gebracht. Das hier war immer noch das Tal der Ahnungslosen.

DER STADTPLANFLUCH

Ich habe mir mein halbes Leben lang innigst ge-
wünscht, eines Tages nach Paris fahren zu dürfen. Je
älter ich wurde, desto mehr Bedeutung bekam dieser
Traum. Er gab mir das Gefühl, dass da draußen noch
etwas auf mich wartet ... mein richtiges Leben. Dafür
lernte ich in meiner Freizeit intensiv Französisch, las
alles von Flaubert bis Sartre, was aufzutreiben war,
und sah mir wirklich jeden französischen Film an, der
irgendwo im Osten in einem Kino lief. Paris, Paris,
Paris. Ich war fast davon besessen.

In meinem Zimmer hatte sich in all den Jahren ein
kleiner Schatz an Pariser Devotionalien angehäuft: be-
schriebene und unbeschriebene Postkarten, Bücher,
Bildbände, Poster, zerbeulte Blechbüchsen, ein Geo-
Heft mit dem Thema »Paris bei Nacht«, ein kleiner
Eiffelturm aus Plaste, ein bedrucktes T-Shirt und ein
echter Pariser Schal in Quietschgrün. Ich hatte alles
Mögliche – aber ich besaß keinen Stadtplan.

Ich hätte ganz bestimmt einen besorgen können, doch
die Wahrheit ist: Er fehlte gar nicht in meiner Samm-
lung. Paris war eine Projektion – keine reale Stadt, die
ich erobern konnte. Wenn ich heute zurückdenke,
dann wundere ich mich, dass mir das nicht damals
schon aufgefallen ist. Ich hatte eigentlich keine Ahnung von der Stadt selbst. In gewisser Hinsicht war sie

austauschbar. Meine Sehnsucht hätte vermutlich genauso gut New York oder Rom gelten können. Die Sache mit dem Stadtplan war ein untrügliches Zeichen.

Als ich im Februar 1990 zum ersten Mal Paris besuchte, lief ich wie auf Watte durch die Stadt. An den unmöglichsten Orten kamen mir die Tränen, und ich konnte mein Glück nicht fassen. Ich war 18 Jahre alt, und ich stand mitten in Paris. Wo genau, war mir völlig egal. Ich wollte nichts Spezielles anschauen, ich wollte einfach nur dort sein. Meine Reise war überwältigend und irreal.

Diese verklärte Beziehung zu Paris hatte etwas Symptomatisches. Auch nach der Wende behielt die Stadt immer einen ganz besonderen Platz in meinem Herzen – trotzdem fehlte mir gerade dort der Überblick. Irgendwie wusste ich nie wirklich, wo es in Paris langgeht. Nirgendwo sonst habe ich mich so oft verlaufen. Es war, als hinge der Fluch des fehlenden Stadtplans mir an.

Erst im Oktober 2002 wurde ich davon erlöst.

Ich war eingeladen zur Hochzeit zweier Freunde in einem kleinen Wasserschlösschen im Pariser Umland. Weil es wirklich weit abseits jedes Verkehrsanschlusses lag, beschloss ich, gemeinsam mit drei Freunden von Berlin in meinem Auto dorthin zu fahren. Keine Flugkosten, kein Shuttlestress, Unabhängigkeit und Raucherpausen.

Als wir am Vorabend der Trauung im Schlösschen

eincheckten, stellte sich heraus, dass wir die einzigen Gäste waren. Alle anderen hatten für diese Nacht in Paris gebucht. Und so war kurzfristig beschlossen worden, dass sich die Hochzeitsgesellschaft in einer Bar im Pariser Zentrum einfinden sollte, um sich dort auf die Party am nächsten Tag einzutrinken. Polterabend ohne Poltern. Natürlich wollten wir da auch hin, aber wir hatten ein logistisches Problem. Keine Taxis, keine Züge, keine Busse. Nichts. Uns blieb keine Wahl, wir mussten mit dem Auto fahren.

Das kam völlig unerwartet. Auf die Pariser Innenstadt waren wir weder mental, geschweige denn durch Straßenkarte oder sonst ein Navigationsmittel eingestellt. Keiner fand sich bereit, am Steuer den Sprung in den nächtlichen Pariser Straßenverkehr zu riskieren. Wir beschlossen, mit dem Wagen zum nächstgelegenen Stadtbahnhof zu fahren und ihn dort abzustellen.

An der Rezeption des Schlösschens ließ ich mir den Weg zur Autobahn erklären und bat um eine Karte von Paris. Ich bekam eine blasse, gekniffte Schwarzweißkopie des U-Bahn-Plans.

Es verfolgte mich. Kein Stadtplan.

Als wir eine Stunde später endlich Paris erreicht hatten, wurde es ernst. Ohne Stadtplan war es unmöglich, hier in der Vorstadt die Metro zu finden. Zu viert im Auto, müde und unterzuckert, irrten wir 30 Minuten ratlos durch die Gegend. Wir fuhren hierhin und dorthin, folgten diesem und jenem Schild, doch es war sinnlos. Als gäbe es keine U-Bahn in dieser Stadt. Es war dunkel, und wir hatten nicht die leiseste Ahnung, wo wir uns befanden. Schließlich gab ich auf, hielt am Straßenrand und fragte einen Passanten. Er wollte wissen, woher wir gerade kämen, und sah uns dann mit großen Augen an. Wir hatten die halbe Stadt umrundet. Aber egal. Er erklärte uns den Weg, wir versuchten es uns zu merken, und siehe da, zwanzig Minuten später sahen wir endlich den Eingang zu einer Metrostation. Ich wollte die Straße verlassen, um einen Parkplatz zu suchen, als sich vor uns wie aus dem Nichts plötzlich ein unglaubliches Verkehrschaos aufbaute. Es ging weder vor noch zurück. Die Autos standen quer, entgegengesetzt und hupten im Chor. Das war kein Stau, das war ein Supergau. Eingequetscht zwischen LKWs und hektischen Nachtschwärmern, saßen wir im Pulk fest. Immer auf der Hut vor ausscherenden Cholerikern, versuchte ich nur noch, keine Angriffsfläche zu bieten. Mit Witzen und den letzten Schokokeksen schafften wir es schließlich, der Hölle zu entrinnen. Ich fuhr sofort ab.

Es reichte. Ich hatte es endgültig satt, mich von dieser Stadt veralbern zu lassen. Ich wollte es jetzt wissen.

Ich schmiss den lächerlichen U-Bahn-Plan nach hinten. Ich kannte die Bar zwar nicht, aber ein wenig das Viertel, in dem sie lag. Mein Freund Robert wohnte irgendwo in der Nähe. Das heißt, ich hatte zumindest eine vage Idee. Ich musste einen Punkt finden, von dem aus ich mich orientieren konnte. Wollen wir doch mal sehen, wer hier den längeren Atem hat. Meine

Freunde feuerten mich an, und ich warf mich todesmutig ins Getümmel. Ich fuhr einfach drauflos und versuchte irgendwie eine Peilung zu bekommen. Pi mal Daumen.

Je näher wir der Innenstadt kamen, desto klarer wurde, dass die Pariser mehr nach Trikolore als Ampel fahren – aber sie achten auf Ausländer. Ich entspannte mich etwas. Und dann kam das erste Schild »Opera«, und plötzlich wusste ich, wo wir waren. Und wie es weiterging. All die vielen Male, die ich mich fluchend verlaufen hatte, bündelten sich jetzt in meinem Kopf zu einem riesigen Wegweiser. Zielgerichtet fuhr ich zur Rue de Rivoli, durch den Louvre, an der Seine entlang und am Rathaus vorbei. Es war vielleicht nicht der kürzeste, aber es war der richtige Weg. Ich bog zweimal ab, und wir standen vor der Bar. Meine Freunde waren sehr beeindruckt.

Und ich erst. Ich quietschte vor Stolz. Ich war eine Heldin. Ich hatte den Drachen besiegt. Ganz alleine, ohne Stadtplan, hatte ich in meinem roten Škoda eine kleine Bar im Pariser Zentrum gefunden. Ich war ein Insider. Ich kannte mich offiziell aus.

Und es fühlte sich gut an. Die alte Dissonanz meiner Sehnsucht war Schnee von gestern. Alles vergessen. Paris gehörte mir. Ich hatte es endlich geschafft, im richtigen Leben.

Ich brauchte keinen Stadtplan.

CLAUDIA RUSCHS
»MEINE FREIE DEUTSCHE JUGEND«
Von Wolfgang Hilbig

Ich muss die Geschichten dieses Buchs auf mich beziehen. – Auf mich, als Einzelfigur aus der Reihe einer Leserschaft, die für den Schreiber von Geschichten immer unüberblickbar bleibt, notwendigerweise, denn man schickt seine Texte, zu einem Buch gebündelt, in eine Welt, von der man zuerst einmal nicht allzu viel weiß – hierin besteht das Abenteuer, in das man sich begibt mit dem Verfassen von Literatur. Man weiß auch dann noch nicht viel, wenn man beim Akt des Verfassens einen Kreis von Menschen vor sich sieht: etwa eine Familie, so man einer angehört, oder den Kreis der Freunde und Bekannten, auf deren Lektüre man zählen kann. Man ist als Schriftsteller nicht in der Rolle eines Neil Young oder eines Bob Dylan, der von der Berliner Waldbühne aus auf ein Publikum blicken kann, das eigens gekommen ist, dieses und kein anderes Konzert zu hören. Viel eher gleicht die Veröffentlichung eines Buchs, das man geschrieben hat, jener *Schwedenfähre*, die man vom Strand der Ostsee her am Horizont vorüberziehen sieht und von der man nicht weiß, wie zahlreich und welchen Charakters die Menge ihrer Passagiere ist. Die Beziehung zwischen Autor und Leser, die man aufnimmt, will nicht so recht intim werden. Man weiß eigentlich nur, wie man sich als Leser verhielt, bevor man selbst Autor wurde.

»Die Schwedenfähre«, das war der erste Text von Claudia Rusch, den ich las ... ich hatte plötzlich den Eindruck, dies sei für mich ein Bild von der DDR: ein Schiff, das ich am Ende der Aussicht dahinfahren sehe, ohne mich, ohne meine Teilnahme am Innenleben auf Deck oder im Bauch dieses Schiffs. – Tatsächlich, so scheint mir, habe ich am Leben in der existierenden DDR kaum teilgenommen, obwohl ich Bürger dieses Staatsgebildes war, jedenfalls nicht bewusst; ich habe der DDR meine Teilnahme verweigert, offenbar ebenfalls unbewusst; und ich habe letztendlich auch die Teilnahme am größten Triumph der DDR verweigert, der in ihrem Zusammenbruch bestand, in ihrer gewaltlosen Selbstauslöschung.

Für mich war die DDR ein eher dunkles Schiff – kein helles, sonnenbeschienenes Fahrzeug, das bei Claudia Rusch in ganz anderer Metaphorik fern der Küste seine Route fährt –, ich verließ die DDR im Herbst 1985, ich heuerte ab, wie unentschlossen auch immer, und lebte in der westdeutschen Bundesrepublik; die DDR wurde mir immer rätselhafter, ich verlor sie beinahe aus den Augen; als ich 1994 zurückkehrte, in den ehemaligen Ostteil von Berlin, war schon kaum noch etwas von ihr zu bemerken. Und nun habe ich das Gefühl, dass ich für die mir fehlenden achteinhalb Jahre Nachhilfestunden brauche: die Geschichten von Claudia Rusch erteilen mir diesen Unterricht.

Es sind Texte, die ganz und gar auf Methoden verzichten, die den Leser zum so genannten *Lesen zwischen den Zeilen* zwingen wollen, was mir die Lektüre von DDR-Literatur lange vergällt hat: Schreibweisen, die den Leser in Unklarheiten zu verstricken suchten, und die damit am Ende staatstragend waren, weil das DDR-System Unklarheit über seinen wahren Zustand brauchte. – Fast alle diese Geschichten kommen hell und licht daher, und dennoch ersparen sie mir nichts: sie weisen mich hin auf einen Verlust, den ich nur schwerlich als mein Schicksal bezeichnen kann. Sie sprechen von anderen Schicksalen, die ich, das weiß ich nicht erst seit der Lektüre dieser Erzählungen, gern geteilt hätte, aber ich habe mein so genanntes Schicksal gewaltsam umgebogen. Ich habe über die Hoffnungen und Freuden, über die Ängste und Verzagtheiten der DDR-Bürger immer den Kopf geschüttelt; es hätte nicht viel gefehlt und ich wäre ihr Gegner geworden: nun spüre ich aus einer Lektüre, die eigentlich jüngeren Leuten zugedacht wäre, die nicht mehr viel von der DDR wissen können, dass sie die Kraft gehabt hätten, auch mich anzunehmen, oder zumindest hinzunehmen.

Die Geschichten von Claudia Rusch sind voller Wärme, voller Solidarität, sie verzichten ganz auf Erfindungen, sie sprechen klar und ohne psychologisches Traktieren vom Innenleben in einem Land, das seinen Leuten nicht gut gesonnen war: sie werden damit zu historischen Miniaturen auf scheinbar privater Ebene, oder sie werden in ihrer Abrundung eine Reihe von Beispielen für eine Zeit, in der ein Volk lernte,

das Volk zu sein, nämlich eine Gesellschaft von Indivi-
duen, und das mit dem lauten Bekenntnis dieser Tat-
sache seine Regierung und deren Apparat von Spit-
zeln hinwegfegte. Und dies tun diese Geschichten,
indem sie sich von der Affirmation verdunkelnder
Metaphorik, von Verstellung und Doppeldeutigkeit
freihalten. Diese Geschichten sprechen von Mut und
Verzweiflung ... und, ich erkenne auch dies, sie sprechen von jenem *aufrechten Gang*, den es schon gegeben hat, bevor er fast zu einem Schlagwort geworden
wäre. Und, ich wiederhole es, diese Geschichten
sind, bei aller Subjektivität, bei allem Beharren auf
der persönlichen Begebenheit, immer wieder voll von
Geschichte: es gibt in ihnen keine erfundenen Figuren ... ich meine fast, das Leben der DDR-Bürger
war zu reich, als dass es nötig gewesen wäre, Figuren
zu erfinden. – Ganze Generationen von Kapitänen
sind es, auf welche die Autorin zurückblickt, auf eine
ganze Dynastie von Kapitänen und Kapitänsfrauen,
wie sie es ausdrückt: man kann sich wohl denken,
dass der Rückblick auf eine solche Ahnenschaft nur
die Möglichkeit hat, sich freier Wörter und Sätze zu
bedienen ... ich muss mein Neidgefühl im Zaum halten, oder mich zumindest dafür entschuldigen.
Ich habe einmal, in andern Zusammenhängen, die mir
gewagt vorkommende Behauptung aufgestellt, die
Leute in der DDR seien erst nach der so genannten
Wende zu wirklichen DDR-Bürgern geworden: das
vorliegende Buch scheint mir dies plötzlich zu bestäti-

gen ... sie sind es nun auch mit der Bewusstheit, die ein Text vermittelt, der sich selbst genügt, ohne dabei selbstgerecht zu sein. Es ist ein Buch mit Geschichten, die endgültig, wie mir scheint, aus dem vielbeklagten Jammertal der Ostdeutschen herausführen ... womit es auf einmal mit rücksichtsloser Selbstverständlichkeit inmitten der Vielstimmigkeit europäischer Literatur auftaucht.

Wir waren ganz normale Menschen, die sich ihrer Tränen, ihrer Lust, ihrer Irrtümer und Wahrheiten nicht zu schämen brauchten ... wenn wir rätselhaft waren, so waren wir es wie jeder Mensch. – Niemand auf der weißen Schwedenfähre am sonnigen Horizont der Ostsee wusste von uns, aber jetzt, nicht zuletzt durch dieses Buch, sind wir in die Wirklichkeit zurückgekehrt.

Wolfgang Hilbig

»ICH«

Roman

Band 12669

Der Schriftsteller und Stasi-Spitzel »Cambert« soll einen mysteriösen Autor beschatten, der »feindlich-negativer« Ziele verdächtigt wird. Da dieser Autor nie den Versuch macht, seine Texte zu veröffentlichen, ist der Verdacht jedoch schwer zu erhärten. »Camberts« Zweifel an der Notwendigkeit seiner Aufgabe, die ihn zu unheimlichen Expeditionen durch Berliner Kellergewölbe zwingt, wachsen mit der Unsicherheit, ob sich das Ministerium für Staatssicherheit für seine Berichte überhaupt interessiert. Immer öfter plagt ihn die Ahnung, nicht einmal seine Person werde ernst genommen. In dem muffigen Zimmer zur Untermiete bei Frau Falbe, die ihm keineswegs nur Kaffee kocht, verschwimmen ihm Dichtung und Spitzelbericht so sehr, daß er bald nichts mehr zu Papier bringen kann. Tief sitzt die Angst, unter dem Deckmantel »Cambert« könnte der lebendige Mensch längst verschwunden sein. Hilbigs Thema in diesem Roman ist die Verwicklung von Geist und Macht. Er untersucht sie am Beispiel eines Literaten, der zu einem Spitzel der Staatsgewalt geworden ist.

Fischer Taschenbuch Verlag

fi 691 / 8

Gesine Schwan
Politik und Schuld
Die zerstörerische Macht des Schweigens
Band 13404

Was bedeutet nicht verarbeitete Schuld für die politische Kultur einer Demokratie? Diese Frage mußte und muß die deutsche Gesellschaft in diesem Jahrhundert zweimal beantworten: nach 1945 und nach 1989. Die Autorin streitet mit ihrem Überblick über ein Menschheitsthema gegen die naive und falsche Hoffnung, daß unverarbeitete Schuld sich mit der Zeit, gewissermaßen biologisch, von selbst »auswachse«.

Fischer Taschenbuch Verlag